DE LA

RÉPUBLIQUE FRANÇAISE

ET DES

INSTITUTIONS SOCIALES

PAR

M. JOANNY BONNETAIN.

Prix du Volume, 5 fr. — De chaque Livraison, 1 fr.

1re LIVRAISON.

MACON,
IMPRIMERIE D'ÉMILE PROTAT.

1873.

DE LA

RÉPUBLIQUE FRANÇAISE

ET DES

INSTITUTIONS SOCIALES

PAR

M. Joanny BONNETAIN.

Prix du Volume, **5** fr. — De chaque Livraison, **1** fr.

1re LIVRAISON.

MACON,
IMPRIMERIE D'ÉMILE PROTAT.

1872.

PRÉFACE.

1re PARTIE.

De l'attitude du peuple français avec ses forces économiques et ses classes sociales.

2e PARTIE.

De la constitution républicaine et des réformes civiles.

3e PARTIE.

Réformes économiques : des institutions de crédit; transformation du système financier pratiqué par les compagnies de chemins de fer; organisation du service des assurances.

4e PARTIE.

Des finances; de la caisse d'amortissement, etc.

5e PARTIE.

Des impôts actuels, futurs; de ceux de 1789; leur base; leur quotité, etc.

6e PARTIE.

De l'organisation militaire.

7e PARTIE.

De la politique extérieure; des nationalités européennes.

8e PARTIE.

De l'enseignement; réformes.

9e PARTIE.

Jugement porté sur la situation; considérations générales.

DU MÊME AUTEUR :

1. *De l'Humanité et de ses divers ordres de civilisation.* 1 volume.
2. *De l'Ordre religieux basé sur le Christianisme.* 1 volume.
3. *De la Démocratie française et de son avenir.* 2 volumes.
4. *Le Livre du Peuple.* 1 volume.
5. *De la Construction de l'Europe.* (Brochure.)
6. *Le Christ-Dieu devant les siècles.* 1er volume.

A PARAITRE :

7. *Le Christ-Dieu devant les siècles.* 2e volume.
8. *De l'Economie politique pure et appliquée* 1 volume.
9. *La Voix des mondes*, ouvrage religieux et philosophique. 3 volumes.
10. *De la Formation et du Développement de la nationalité française.* 3 volumes.

PRÉFACE.

La *Démocratie* représente à nos yeux une généralisation du droit.

La *République* est son gouvernement constitué.

On entend par *institutions sociales* un ensemble d'*instruments* préposés au développement intellectuel, économique, moral et matériel de la société.

Lorsque nous entendons dire que l'âme du peuple français est dégradée, que son cœur ne bat plus pour les grandes choses, que son bras n'est plus guerrier, que son courage a baissé, que sa pensée vacille, que son esprit est matérialisé, qu'il n'a plus la conscience de ses hautes destinées, nous répondons : On confond à dessein les défaillances, les corruptions, les folies d'un gouvernement déchu ; quelques débauchés littéraires ; les mollesses, les fantaisies, les folles dépenses d'un certain monde ; des types difformes qui déshonorent leur corporation ; les coupe-jarrets, les démolisseurs d'autels, le frisson inspiré par le spectre rouge ; le sentiment réactionnaire qui fit les émigrés, l'indifférence en matière de patrie ; l'impuissance des squelettes du passé ; les visionnaires religieux, mannequins stipendiés pour ressusciter le moyen âge ; l'écume des villes et des campagnes ; la politique monarchique des salons et des casernes ; le scepticisme né du sensualisme, pratiqué dans le haut et le bas étage ; les rêves qui s'appliquent à l'absorption du capital par le travail, à des spoliations fatales au peuple et commises sous la forme d'impôts ; on confond tout cela, et bien à tort, avec la grande nation française, constituée avec ses classes, ses institutions et ses droits ; faite par des siècles, émancipée en 1789 et portant en elle le double génie de l'unité et de la liberté. Toutes ces folles idées, tous ces faux rêves dont on la voile voltigent dans la sphère des imaginations, mais n'offrent aucune réalité extérieure, aucune institution possible. La féodalité, au contraire, reposait sur des faits puissants, sur un ensemble d'institutions logiquement combinées,

Les fortes croyances, l'amour de la liberté inspirent et engendrent les grands caractères. Le scepticisme, l'esclavage, le matérialisme, l'excès de fortune ou de misère les dégradent, les avilissent.

La société tombe en ruines lorsque l'édifice de la pensée s'écroule.

On est vraiment étonné de rencontrer au XIXe siècle, dans une foule de publications mesquines, des sentiments sauvages, un idéal rétréci, des élucubrations fantastiques au possible. C'est la preuve que la science manque. Ainsi, lorsqu'il s'agit de la société, on vient carrément, en face du bon sens et du monde qui pense, parler de commune comme étant l'idéal de l'édifice, de bergeries, de patriarcat, de ruches, de monastères, de féodalité, de phalanstères.

Lorsqu'il s'agit du pouvoir, on pose en théorie la race séculaire, le sabre, le maître, le père de famille, les clubs, le *vox populi* ou le césarisme.

La commune est un mot qui doit être pris dans un sens purement administratif; il signifie l'administration des petits intérêts locaux. La sphère cantonale est plus grande; vous y trouvez d'autres intérêts à administrer. La sphère départementale est plus grande encore; vous y rencontrez d'autres intérêts à administrer. Enfin, l'administration générale s'applique à toute la France; donc c'est la plus grande et elle embrasse d'autres objets.

La politique, la religion, la société, l'économie politique n'ont rien à démêler avec l'Internationale, qui exploite les passions, l'ambition des classes laborieuses, sans leur offrir des principes politiques, religieux ou économiques, des institutions possibles; se bornant à préconiser le triomphe du matérialisme sur les ruines du monde civilisé.

La République, au point de vue de l'Etat, se compose d'un pouvoir législatif et d'un pouvoir exécutif élus.

Le pouvoir est un législateur à plusieurs têtes. Contemplez les lois. Est-ce un idiot qui aurait pu les créer?

Quelles que soient sa composition et sa durée, le pouvoir législatif émane de la société; il est subordonné à sa raison, à sa science, à ses intérêts, à sa sanction. Il est une fonction exercée par délégation, avec contrôle et responsabilité.

L'abaissement de la pensée, les déviations politiques proviennent des faux points de vue. Pour s'élever, l'esprit humain doit se tenir dans le vrai. Un homme a sa personnalité. Les idées constituent un domaine commun.

Est-il rien de plus vrai, de plus grand, de plus positif, de plus fort que la société, que l'ensemble des fonctions exercées par les classes sociales, que le droit, que l'idée religieuse, que le sentiment du juste?

Est-il rien de plus vrai, de plus grand, de plus positif, de plus fort que la liberté et ses formes variées?

Est-il rien de plus vrai, de plus positif, de plus fort, de plus civilisateur que la propriété et la famille?

Est-il rien de plus grand, de plus fort, de plus positif, de plus civilisateur que les institutions sociales vraies?

Est-il rien de plus utile, de plus positif, de plus fort, de plus civilisateur que le pouvoir législatif et exécutif s'appliquant aux progrès de la société?

Est-il rien de plus grand, de plus puissant, de plus positif, de plus civilisateur que la science, les beaux-arts et les arts mécaniques?

A-t-on peur que le sol tremble lorsque l'on s'appuie sur tous ces éléments? Où est donc le terrain de l'utopie?

Il est beau, sans doute, de lancer les jeunes générations dans la carrière politique, de leur ouvrir l'arène industrielle avec des perspectives de fortune. Cette transformation sociale accentuée exige une armure spéciale. Sans cela, les combattants ne se comporteraient-ils pas en hommes turbulents, insatiables, utopistes?

L'enseignement doit être à la hauteur de la mission; il faut qu'il comprenne, pour aider et faire contre-poids : 1° un enseignement primaire général; 2° un apprentissage honorable; 3° le développement du sentiment moral; 4° la pratique de fortes croyances religieuses; 5° la science de la société et de l'économie politique.

Le système de la commune réduit la société en atomes. L'Etat, les classes sociales, les institutions publiques, les intérêts généraux, les éléments de civilisation, la nationalité sont quelque chose de plus haut.

Les mêmes erreurs se reproduisent lorsqu'il s'agit de l'édifice européen. D'un côté, vous voyez surgir les vastes théories de monarchies universelles, édifiées par les armes au mépris de la géographie, de la race, de la langue, des croyances et des traditions. De l'autre, vous apercevez poindre les petits systèmes communistes, fragmentaires, qui fabriquent des nationalités microscopiques auxquelles on donne le nom de *droit*, de *peuple*, et qui vivent précairement en vertu de la charité diplomatique.

Dans le monde littéraire, on voit bien des choses difformes en style et en portraits. On dirait que la littérature a pris plaisir à choisir de mauvais types pour les couvrir d'attraits.

Dans la sphère religieuse, il est incontestable que l'anarchie règne.

Le matérialisme déclare que le corps humain est une merveilleuse machine organisée par le hasard; que les phénomènes de la vie et de l'organisme résultent de certaines lois occultes, éternelles; que Dieu n'est qu'un rêve; que la morale n'a point de sanction; que l'âme disparaît avec le corps.

Le panthéisme absorbe tout dans le tout. Il déifie la nature, qu'il déclare absolue en elle-même, éternelle sous ses innombrables transformations. L'âme n'est qu'un phénomène. La liberté n'a aucune loi obligatoire, impersonnelle, émanant d'une réalité distincte. Son activité, ses pensées, ses sentiments n'ont été qu'une mise en jeu de certaines forces exemptes d'imputabilité.

Les philosophiques adorateurs de l'infini, de l'absolu, de la cause première, dont la croyance a pour base la raison, s'affranchissent de tout culte extérieur et de toute rédemption pour leurs dérogations à la loi. Ils considèrent toutes les religions, même le christianisme, comme des formes de la pensée humaine. Les religions ont eu leur filiation, comme les races, les langues, les arts. L'humanité a créé avec progrès les religions, comme la science, en vertu d'un idéal. En adorant les religions, l'humanité adore ses propres pensées.

Voilà d'autres catégories de croyants qui font parler la divinité en tout temps, à tout propos; elle est cause de tout, des plus petits détails;

tous les événements lui sont attribués. C'est sa parole externe qui a illuminé les mondes avant le Christ. Ils peuplent les airs d'anges, de visions, d'archanges. Pour eux, les animaux parlent, les étoiles se déplacent, les rochers vomissent des ondes, les mers se retirent, les tombes rendent leurs morts vivants. Le globe n'est qu'une forme dégradée. La raison ne constitue pas un guide, un flambeau; elle n'est qu'un noir caprice, une orgueilleuse révoltée. Les sociétés ne progressent pas. L'humanité n'a reçu aucun plan à réaliser. La liberté constitue une stérile agitation. La conception la plus élevée est, sans contredit, celle qui considère le monde physique comme une création progressive, l'humanité comme un être créé, se développant successivement, avec solidarité, appelé à réaliser un plan divin; le christianisme comme un moyen de réhabilitation, une manifestation de la divinité, un supplément accordé à la raison; le culte comme un devoir, la morale comme une obligation, l'âme comme une réalité spirituelle, libre, immortelle, destinée à vivre dans un monde où brilleront la vérité, la justice, absolues, infinies.

La musique a ses mélodies, ses harmonies; pourquoi la science, la religion, la philosophie, la liberté ne formeraient-elles pas un concert? Les vérités doivent-elles se proscrire? Peut-on ramener toutes les pensées à une seule?

Pour qui sait lire dans le livre de l'histoire, il est certain que l'humanité progresse, que les générations gravitent vers l'unité. Mais cette unité ne sera pas monotone. Elle contiendra des variétés, des individualités, des évolutions, des hiérarchies.

Un gouvernement n'est qu'une virgule dans le langage des temps. Historiquement, l'henriquinquisme, l'orléanisme, le buonapartisme représentent trois situations usées, évanouies, trois abaissements successifs et trois efforts de la part de la société correspondant à la chute.

La société développée trouvera naturellement sa grandeur sous la forme d'une République impersonnelle, sachant grouper les droits, les intérêts, les esprits, les efforts, les libertés, à l'exclusion d'un souverain faisant obstacle.

L'idée fait toute la différence qui existe entre le barbare et l'homme civilisé. Dans l'esprit des masses, il circule une petite quantité de pensées religieuses, morales, civiles, politiques, économiques, historiques; mais elles sont d'une extrême importance et il est possible de les accroître.

Les sciences noologiques, mathématiques, cosmologiques, esthétiques jouent un grand rôle dans le monde civilisé. Qu'est-ce que la civilisation? Une résultante, un reflet, une reverbération de la religion, de la science, des beaux-arts, des institutions, du développement de l'industrie, de la propriété mobilière et immobilière, du droit, de la pensée sociale.

Les pensées constituent un monde idéal d'abord, puis elles se voient réalisées en beaux-arts, en arts mécaniques, en institutions sociales, en lois, en mœurs, en industrie appliquée.

Retranchez-les, la société vous représentera l'accouplement des sexes, le jeu des facultés élémentaires en proie à la force brute. C'est l'idée qui affranchit le monde.

Or, les idées sont-elles et doivent-elles être l'apanage d'un parti? Existe-t-il une secte prédestinée à l'administration de la société? L'application de ces idées ne doit-elle pas être faite d'une manière impersonnelle, collective? En elles-mêmes, ou sous la forme qu'elles ont revêtue, ces idées ne sont-elles pas accessibles au plus grand nombre? Il faut que les générations soient élevées en idées et en richesses, et il existe des moyens et des lois à suivre pour obtenir ce résultat. Quelle est donc la secte assez orgueilleuse pour prétendre gouverner la société en dehors des principes religieux, moraux, politiques, civils, économiques, en dehors de la science? La question ainsi posée, pourquoi se livrer avec tant d'excès à l'anthropophagie? Pourquoi ériger des statues à certains coryphées et briser, avilir toutes les individualités qui ne font pas partie d'un cénacle étroit et faux? A cause des factions, il n'existe pas en France un seul homme capable de rester debout sous le feu de la critique dévorante. Cette tactique ne produit-elle pas un avilissement national?

Pourquoi ne pas envisager les idées en elles-mêmes? A moi qui ne suis pas du nombre des savants, que m'importe de connaître les noms, la biographie, les mœurs, la fortune de ceux qui ont créé les lois, les arts et les sciences? Est-ce que cela est nécessaire pour que je puisse m'en servir? Le sillon de la terre, le cep de vigne connaissent-ils le nom des mains qui les cultivent? Les générations qui se succèdent n'emportent-elles pas leur renommée au delà de la tombe, en laissant sur la terre le fruit de leurs travaux? La cité terrestre appartient-elle à un parti immuable? Depuis le commencement des siècles, c'est à peine si vous trouvez dans la mémoire des peuples quinze à vingt noms qui aient survécu aux générations éteintes, et que de richesses civilisatrices ont été léguées à l'avenir!

L'ordre dans la société provient de certains faits et principalement de l'ordre qui règne dans les idées, de leur nature. Ce sont elles qui créent, conservent, conduisent, relient, détruisent, élèvent ou abaissent.

Une civilisation caractérisée, c'est un ensemble d'idées émises, flamboyantes, répandues et incarnées.

Pour être vraie, la conception de la politique doit envisager la société comme un ensemble de droits, de fonctions, d'intérêts solidaires, d'activités marchant au même but, à la même destinée, et cette destinée sociale découle des éléments de la nature humaine et des divers ordres de civilisation où la liberté est appelée à se manifester.

L'ordre et la liberté, l'inviolabilité de la conscience, de la religion, de la propriété, de la famille, du droit, sont des principes qui s'imposent à tout gouvernement.

Or, si l'on admet franchement ces principes, qu'entend-on donc par henriquinquisme, orléanisme, buonapartisme? Et si ces principes ne sont pas tous admis, quelle serait donc la base d'un gouvernement rationnel, durable? Les idées spécialement attachées à ces mots : henriquinquisme, orléanisme, buonapartisme, sont-elles conformes aux principes fondamentaux? Alors pourquoi une divergence entre les partis?

Quant à la République, puisque c'est le gouvernement de la société par la société, abstraction faite d'un souverain, il est impossible qu'elle ne contienne pas l'application des principes fondamentaux. Pourquoi? Parce que ces principes fondamentaux constituent les droits, les croyances, les intérêts, les manifestations de la société elle-même, et que la République en est l'expression. D'où il suit que les sectes politiques ne peuvent être autre chose que des collections arbitraires d'égoïsmes coalisés dans le but d'exploiter la société.

En envisageant philosophiquement les points qui divisent les esprits, on est étonné du néant qui se présente à la pensée. Les gros édifices rêvés sont des ballons gonflés de vent et dorés avec charlatanisme.

Il est évident que le peuple est le grand créateur des richesses. Toutes les industries ne sont-elles pas entre ses mains? Il veut l'ordre naturellement; il est le grand consommateur, le grand conservateur de la famille, du travail, de la propriété, des croyances religieuses, de l'esprit national, du sol qui l'a vu naître. C'est lui qui représente le sens commun, les besoins moraux et intellectuels; c'est avec lui que l'on crée les armées. Alors pourquoi les institutions ne seraient-elles pas conformes à sa taille?

Qu'est-ce que la presse? Un moyen d'exprimer des pensées, de raconter des faits, de discuter, avec les égards accordés aux choses qui doivent être respectées. Est-ce que cette institution doit être faite à l'effigie de l'henriquinquisme, de l'orléanisme ou du buonapartisme? Ne faut-il pas, au contraire, qu'elle porte un caractère social, rationnel, c'est-à-dire républicain?

Prenez maintenant les institutions qui s'appliquent à l'enseignement, à la charité publique, à l'armée, à l'ordre judiciaire, à l'administration publique; est-ce qu'elles doivent être créées à l'effigie de l'henriquinquisme, de l'orléanisme ou du buonapartisme? Ne faut-il pas qu'elles apparaissent avec un caractère social, rationnel, c'est-à-dire républicain?

Est-ce que le code civil, politique, commercial, est-ce que la religion, est-ce que l'agriculture, le commerce, les manufactures, est-ce que la société doivent être créés à l'effigie de l'henriquinquisme, de l'orléanisme, du buonapartisme? Ne serait-ce pas une anomalie?

Remontez plus haut, jusqu'au pouvoir législatif; est-ce qu'il appartient à une dynastie de faire des lois? Est-ce que la science est son domaine? Le pouvoir législatif et le pouvoir exécutif ne doivent-ils pas être exercés par les mandataires de la société? Et ne faut-il pas que le pouvoir exécutif, quoique distinct, soit subordonné au pouvoir législatif, comme le pouvoir législatif lui-même est subordonné à la raison et à la volonté de la nation?

DE L'INANITÉ DES MANIFESTES DYNASTIQUES.

« *A mes bien-amés et féaux sujets.*

» Français,

» J'ai représenté avec dignité la monarchie du droit divin sur la terre étrangère. Par mes aïeux, je suis le roi de la vieille noblesse, du bon peuple des campagnes, des bons bourgeois des villes, et j'ai toujours pensé que le trône, l'autel et le blason devaient se prêter un mutuel appui dans l'intérêt de leur grandeur respective.

» Les révolutions successives qui ont désolé le beau pays de France ont dû lui prouver combien il avait eu tort de se séparer de l'antique royauté pour fonder les institutions modernes. J'abdique toute ambition personnelle au milieu des tristes événements qui affligent et tourmentent la France. Pour rentrer dans ma patrie et porter ma couronne, je compte sur le décret de la Providence. Lorsque je trônerai, tout ira bien. En attendant, demeurez fidèles aux souvenirs de vos rois, à la religion de vos pères et au culte de la patrie.

» Signé : Henriquinquisme. »

« Français,

» Notre drapeau est celui de la glorieuse révolution de 1789, sous lequel le chef de notre dynastie a combattu à Jemmapes et à Valmy.

» Nous avons sauvé la France en 1830 en consolidant l'avénement de la bourgeoisie, et en empêchant et le retour à la monarchie féodale, et l'installation d'une Convention terrible, et la conflagration européenne provoquée par le parti révolutionnaire qui voulait secourir la Pologne et l'Italie.

» La monarchie constitutionnelle, flanquée d'institutions républicaines, est le seul gouvernement qui convienne à la France. Avec un bon système de bascule, manié habilement, la royauté, l'aristocratie et la bourgeoisie peuvent vivre avec pondération et harmonie sans jamais se dévorer. N'avons-nous pas sous nos yeux l'exemple de la libérale Angleterre ?

» La liberté de la presse ne peut être bienfaitrice que si elle est réglée par les douces lois de septembre. Il faut savoir résister aux flots montants de la foule. L'électorat politique, les institutions financières, les emplois publics doivent être concentrés entre les mains de la bourgeoisie, qui marche à l'avant-garde de la démocratie.

» Quant au peuple, le devoir du gouvernement est de lui procurer tous les moyens de conquérir ses lettres de bourgeoisie. Il doit travailler en silence, payer les impôts, servir sous les drapeaux et s'abstenir de politique. Ceux qui parlent de droits populaires sont des révolutionnaires.

» Bourgeois, en travaillant pour nous, vous travaillerez pour vous.

» Signé : Orléanisme. »

« Français,

» Je suis César. En face de moi, que le méchant tremble, que le bon se rassure.

» Je dompterai l'anarchie et toutes les factions qui déchirent le sein de la patrie.

» Je veux que tous les fonctionnaires publics assermentés soient soumis à ma volonté et se montrent mes fidèles coopérateurs. Alors l'autorité sera reconstituée.

» J'attellerai à mon char, escorté de la foule, les débris de l'ancienne aristocratie et les ambitions de la nouvelle.

» Je tiens entre mes mains le drapeau qui a flotté sur les capitales de l'Europe, et la France ne périra pas.

» Je suis le chef des armées de terre et de mer; je fais la paix; à ma voix, le tonnerre de la guerre éclate.

» La démocratie, que j'entraîne, doit être soumise à ma volonté.

» Il m'appartient de créer ou de supprimer les journaux. La France doit penser comme moi. Ma politique n'a pas besoin de contradicteurs. Périssent la tribune et le système parlementaire. Ne suis-je pas l'élu de 7,500,000 votants!

» La Constitution consacre ma toute-puissance. Le peuple se réunira dans ses comices et conservera le suffrage universel pour nommer les fidèles serviteurs de l'empire que je lui présenterai. Malheur à qui me résistera.

» Les travaux publics, les monuments de nos opulentes cités porteront l'empreinte de ma grandeur.

» J'humilierai les plus grands rois. Mon nom retentira sur les plages les plus lointaines et mon bras fera sentir sa force partout où un peuple opprimé l'invoquera.

» Les siècles chanteront ma gloire.

» Appuyé sur le peuple, entouré des grands corps de l'Etat, soutenu par mes maréchaux investis des grands commandements militaires, je représenterai la puissance la plus absolue.

» Je puiserai dans la caisse du peuple 60 millions pour mon éclat souverain et 600 millions par an pour faire rayonner mon prestige au dedans et au dehors.

» Doit-on compter le sang de l'armée et l'or de la France pour faire de grandes choses? Paris sera le rendez-vous de l'Europe, le centre de la civilisation, la caserne de mon armée, le piédestal de mon trône, la Rome du XIXe siècle.

» Signé : Césarisme. »

« Français,

» Votre gouvernement vous appartient. Les races royales l'ont méconnu ou déshonoré. La République représente la souveraineté nationale, les institutions modernes, le développement de la civilisation, l'exhaussement des masses par l'idée, le travail, la liberté, le crédit et l'association.

» Vous valez mieux que les dynasties qui vous somment d'abdiquer. Gardez vos couleurs nationales; elles sont plus riches que celles des races qui ont trompé vos destinées.

» Vous avez plus d'intelligence qu'il n'en faut pour organiser et pratiquer un pouvoir législatif et exécutif, à l'exclusion d'un souverain.

» La situation est pleine de périls qui viennent du dedans et du dehors.

» Amis, restons maîtres de nos droits. Sachons nous entendre. Prenons, en face de l'Europe et du pays, une attitude digne et forte.

» Les états-majors des royautés et des Césars sucent nos sueurs et se rient de nos peines. Les trois derniers gouvernements déchus ont fait perdre 30 milliards nets à la France. Avec un gouvernement républicain, nous obtiendrons, par an, une économie de 200 millions et une production augmentée de 500 millions.

» Nous grandirons en intelligence, en liberté, en bien-être. A qui vous confier? Quel est donc l'homme digne de porter le drapeau de la grande nation dont nous sommes tous les enfants? Qu'est-ce qu'un homme à la place d'un grand peuple, de ses pouvoirs, de ses lois, de ses sciences, de ses arts?

» Que voulez-vous être? Soyez hommes d'abord, le surplus vous sera donné par surcroît. Est ce une royauté avec un luxe dégradant que vous payez; est-ce un conquérant dispensateur de votre sang et de vos richesses, qui pourraient faire votre bonheur?

» A l'intérieur, désespérons nos adversaires par notre sagesse et notre énergie. Que tout fléchisse sous la main de la justice, le pauvre comme le riche.

» La haine de l'aristocratie contre la démocratie ne mérite pas votre colère. Elle n'est digne que de pitié. Est-ce que la nation et ses pouvoirs organisés ne valent pas mieux qu'un homme et ses valets stipendiés?

» La France sera forte lorsqu'elle sera reconstituée avec les principes de la République sachant employer toutes les forces vives.

» La souveraineté nationale est sacrée.

» Quiconque portera atteinte aux droits sociaux aura encouru le châtiment réservé aux assassins, aux incendiaires, aux parricides. La patrie, c'est nous tous, Français. Aimons-la. Sacrifions tout pour elle, et le ciel nous sourira.

» Signé : RÉPUBLICANISME. »

SAUVAGERIE DU MANIFESTE COMMUNISTE.

« FRANÇAIS,

» Ne sommes-nous pas tous frères? Pourquoi tant d'inégalités?

» La société actuelle est un mensonge et un état contre nature. Revenons aux vertus primitives, à l'égalité naturelle. Pourquoi maintenir le système de la propriété et l'inégalité des salaires? Pourquoi le travail ne disposerait-il pas gratuitement du capital? Pourquoi créer des monarchies ou des républiques? Est-ce que tous les gouvernements ne sont pas ruineux pour les peuples?

» Toutes les oppressions ont triomphé à cause de l'ignorance des masses. Qu'elle disparaisse. Les superstitions religieuses, le sabre, la propriété, le capital, ont servi d'arme au despotisme.

» Pourquoi verser son sang pour former de grandes nations? Les grandes nations sont des instruments de guerre, de dévastation, de pillage entre les mains des souverains.

» Il faut constituer la commune souveraine. La moindre offrira une population de 12,000 âmes. Dans son cercle, les magistrats seront électifs; l'ordre judiciaire hiérarchique et son budget seront anéantis; le clergé sera payé par qui voudra l'appeler, et le budget des cultes disparaîtra; chaque citoyen sera armé; l'armée permanente et son gros budget seront supprimés. Le grand-livre de la dette publique sera brûlé.

» Il appartiendra à la commune de s'administrer souverainement, de pourvoir aux services de l'instruction publique, de la voirie, de la charité, des assurances, de la police; d'établir les impôts, de répondre aux mesures d'intérêt général.

» Signé : COMMUNISME. »

Il ne s'agit plus ici de la nation une et indivisible, de la République une et indivisible. C'est le renversement de l'une et de l'autre.

Comme on le voit, cette théorie exclut la notion de l'Etat, de la société, de la religion, des institutions sociales, des fonctions publiques, de la propriété, du capital, des travaux publics, de la civilisation basée sur la division du travail. A quoi bon les lois, les arts, les sciences?

On rougit en pensant que ces idées ont quelques adeptes au XIXe siècle. On peut les comparer aux athées en matière de religion; c'est bien l'athéisme en matière de civilisation.

Il ne faut pas que les malheurs et les révolutions de la France recommencent avec les idées, les hommes, les institutions qui les ont motivés ou engendrés sous tous les gouvernements déchus depuis 1792.

Le terrain est déblayé; il reste à construire. L'histoire contient à cet égard une expérience instructive. La raison peut se prononcer entre le bien et le mal; le triage est facile. De cette affirmation, il en résulte, comme conséquence, la nécessité de pratiquer une politique nouvelle, épurée. Cette politique est d'autant plus nécessaire que de grands changements ont été opérés dans les idées et les faits, dans le domaine de la propriété foncière et de la fortune mobilière; dans la sphère des libertés publiques, du droit politique, de l'enseignement, des compagnies d'assurances et des établissements de crédit.

Au surplus, le travail et le capital tendent à se produire sous la forme d'associations avec l'appui du crédit. C'est une loi nouvelle de laquelle découleront bien des phénomènes, et qui nécessite une institution.

Les lieux communs sont hors de saison. Quiconque rêve au passé commet un anachronisme. La science, l'idéal, la raison, le droit et l'expérience éclairent l'œuvre à réaliser.

Notre ouvrage contient deux parties bien distinctes. L'une d'elles comprend une réfutation des fausses idées. L'autre présente une organisation motivée : 1° du monde politique ; 2° des fonctions civiles ; 3° des institutions de crédit ; 4° des compagnies d'assurances ; 5° de l'administration des chemins de fer ; 6° de l'armée ; 7° de l'enseignement à ses divers degrés ; 8° du canton administratif ; 9° des nationalités européennes, etc.

Notre époque est synthétique ; les éléments de reconstruction se heurtent en attendant leur forme vraie, artistique. Les sociétés modernes, avec leurs organes d'expansion et leurs têtes couronnées d'égalité et de liberté, ne ressemblent plus à la féodalité. Tout surgit d'un labeur fiévreux.

Avant l'indication des réformes, il était utile de montrer le peuple français avec ses forces économiques et ses classes sociales ; ensuite, le droit et le fait nous ont dicté notre titre : *De la République française et des institutions sociales.*

On ne fait pas les Etats et les institutions au gré d'une volonté arbitraire. Ils ont leurs principes, leurs bases, leur but.

Le *forum* moderne, c'est la société entière avec sa grande voix et sa pensée rapide.

Le sceptre du monde appartient à la raison et à la vérité, et non pas à tel homme ou à telle classe.

Point de pensées, point de civilisation ; point d'institutions, point d'ordre et point de progrès.

Après la découverte des propriétés de la vapeur, il a fallu créer son appareil, assurer et diriger son fonctionnement.

Humbles habitants, pourquoi ne seriez-vous pas de ce monde civilisé qui voit tant de merveilles? Travaillez, instruisez-vous, lisez les livres, le journal, les institutions de votre pays ; occupez-vous des affaires publiques de la commune, du département, de la France entière, et alors vous ne serez plus comparés à des villageois naïfs, à des solitaires du désert, à des fantômes échappés des monastères, à des sauvages du Canada. Vous serez des citoyens actifs de la République. Vos facultés ne sont-elles pas égales à celles des autres?

N'allez pas croire que la République soit une oligarchie démagogique, appuyée sur les clubs et se servant d'une bande de pillards et d'exterminateurs. Ce jacobinisme de vieille date a été enseveli à tout jamais. La République est quelque chose de plus majestueux : elle est l'expression de la société entière.

Rien n'est plus simple à concevoir, plus facile à réaliser et plus favorable au progrès que l'*Etat* auquel on donne le nom de République.

La République, c'est le pouvoir législatif nommé par le suffrage universel. La République, c'est le pouvoir exécutif nommé par le pouvoir législatif.

Quelles lois seront faites? C'est une autre question.

Le mot République s'applique à une foule de choses différentes, comme les mots religion, médecine, droit, progrès, ordre, liberté, société, conservation.

Il ne faut pas s'étonner des difficultés que l'établissement de l'Etat républicain éprouve, malgré sa simplicité, son évidence, son utilité. La résistance vient des vieilles idées bien plus que des craintes ou des intérêts égoïstes. Rappelez-vous combien il a fallu de temps, de combats, d'efforts pour faire accepter la liberté de conscience et des cultes, le suffrage universel, la permanence du pouvoir législatif, l'enseignement populaire, la construction des chemins de fer, le jury, la liberté de la presse, l'égalité des impôts, le service militaire personnel, l'égalité civile. Toutes ces choses, qui caractérisent la civilisation moderne, ont été repoussées, représentées sous les couleurs les plus noires, les plus lugubres. Le mouvement de la terre, la circulation du sang, la spiritualité et l'immortalité de l'âme n'ont-ils pas eu leurs détracteurs?

Un peuple qui ne posséderait ni la liberté parlementaire, ni la liberté de la tribune, ni l'électorat politique, c'est-à-dire le suffrage universel, ni la liberté de la presse, ni la souveraineté, ni l'enseignement public, ni la liberté électorale, ni le contrôle pour la gestion de ses affaires, ni l'initiative pour exprimer ses besoins, que pourrait-il devenir, ce peuple? Il dégénèrerait en momie, en ver rampant, en hibou dans les ténèbres, en pâture pour le despotisme. Loin des puissances civilisatrices, il se composerait de mœurs pastorales, d'un groupe de trafiquants et de quelques riches oisifs.

En parlant du Paradis terrestre, l'historien sacré a visiblement indiqué le monde des idées, des croyances, des sentiments, des illusions; et, en effet, les arbres, avec leurs fruits différents, symbolisent les notions du bien et du mal.

La République existe-t-elle dans le domaine des idées et des faits? Cela est évident, puisque tout le monde sait ce que c'est que le suffrage universel; ce que c'est que le pouvoir législatif et exécutif nommé par la société. Tous les jours on pratique la République et l'on en demande la formule. La République, il faut le reconnaître, aura une politique à appliquer dans des situations différentes de celles du passé.

Après la plus affreuse tempête, elle vient d'être notre port de refuge!

L'Abîme et la Vision.

Empire, Prusse, commune, capitulation sont des mots qui font mal à entendre.

La pensée de la mort est salutaire. Il vaut mieux se repaître de ses douleurs que de vivre avec une illusion qui cache un précipice : la mort!

Infandum regina jubes renovare dolorem.

Il est trop vite encore pour être consolé et pour parler de l'œuvre de reconstruction nationale qui est commencée. A cet égard, la société est pleine de dévouement. L'histoire dira un jour, bien mieux que nous, à combien de titres M. Thiers, président de la République, aura bien mérité de la patrie.

Sous le poids des douleurs nationales, j'ai bien souvent passé des nuits sans sommeil. Bien souvent, pendant mes rêves, j'ai vu le spectre de l'étranger qui, avec des ongles de fer, achevait de déchirer le sein de la patrie. Bien souvent j'ai vu des villes en deuil, tristes comme des mères désolées pleurant leurs enfants. J'entendais des voix captives redemandant leur patrie. Nos bataillons gémissaient sur la terre étrangère, leur front s'inclinait vers la terre. Nos ateliers étaient fermés, nos magasins dépeuplés, nos campagnes ravagées, et les éléments semblaient avoir conspiré contre nous. Après les chaleurs longues et brûlantes d'un été sans pluie, la nature paraissait jaune, desséchée, morte; et l'hiver, par opposition, fut monstrueux avec ses neiges, ses froids terribles, ses vents glacés. Et je voyais s'éloigner de France de nombreux chariots triomphateurs, tout remplis de nos richesses. Et l'ennemi était installé au foyer domestique du vaincu. Il tenait trente départements pressés dans ses griffes de fer. Il avait confisqué nos places fortes, le boulevard de notre défense nationale. Et la voix de la religion n'était plus écoutée; et la patrie semblait un mot vide de sens; et la France m'apparaissait à demi couchée dans l'abîme où tout s'efface; et à mon réveil, une voix me disait: C'est impossible, c'est un rêve; et la vérité n'était que trop vraie; et à mes yeux, au milieu de tant de ruines, les partis, fanatisés par l'ombre du passé, se faisaient un jeu d'agiter le drapeau de la guerre civile; et tous les appétits se jetaient sur les richesses et sur les emplois de l'illustre blessée; et des hommes, vomis par les enfers, secouaient des torches incendiaires en poussant des cris de rage contre la civilisation. Juste ciel! Aurons-nous encore demain une patrie? Nos tombeaux et nos vieillards seront-ils respectés au moins? Et ceux qui ont illustré leur pays?

Mais quel est donc ce nuage de sang et de fumée qui passe et repasse sous mes yeux? D'où vient ce cri sinistre: « Français, tuons-nous. Périsse la patrie. Vive la commune! » Mais c'est un songe. Est-il vrai que des mains matricides ont déchiré avec acharnement les entrailles de leur mère, de la France? Mais je rêvais lorsque j'ai vu des Français (que ce nom leur soit refusé) promener dans les rues d'une capitale splendide, au cœur généreux, des flammes sinistres, brûlant nos monuments, nos archives nationales, renversant la colonne sur laquelle on avait buriné les vertus guerrières de nos ancêtres! Et ce crime, sans nom dans l'histoire, était commis sous l'œil ironique des Prussiens, triomphateurs de nos cendres après avoir triomphé par suite des trahisons et de l'imprévoyance. Quel était donc le but de ces cohortes sauvages, de ces destructeurs? Quels étaient donc leurs droits? Où puisaient-ils leurs sympathies? Dans le parti de la canaille, des prisons et des bagnes. Que voulaient-ils? Le pillage. Quelle était leur patrie? L'or de l'étranger. Et leurs sentiments? La férocité des bêtes sauvages. Un fier républicain répudie les incendiaires, les assassins, les inepties socialistes qui ont ruiné et ensanglanté la République en 1848, et que l'on a stipendiés pour détruire la République proclamée en 1870; et, il faut bien le dire, la France frémissait en silence, mais elle ne bougeait pas. C'est le soldat seul qui a vaincu ; le soldat modeste, ignoré, conduit par des chefs habiles, marchant à la délivrance de la patrie sous la haute et puissante direction de M. Thiers.

L'empire n'a-t-il pas livré le pays à la merci du vainqueur ?

L'action isolée des groupes de forces militaires placées d'abord avec insuffisance et sans liaison sur la première ligne de bataille, puis concentrées à Metz, à Sedan, à Orléans, à Paris, leur action isolée a produit les défaites, les efforts impuissants, les capitulations honteuses, les retraites, dont nos revers se composent. Leur action combinée aurait sans doute procuré la victoire. Le classique Jomini serait de cet avis.

Les mânes des braves tombés sur les champs de bataille de Jemmapes, de Valmy, de Fleurus, d'Austerlitz, de Wagram, de Marengo, etc., ont tressailli d'indignation. Nos places fortes ont été mal défendues.

Pendant un moment propice, la France a réellement possédé 800,000 hommes ardents aux combats. Conduits par des chefs habiles, résolus à vaincre ou à mourir pour la patrie et la République, nous n'en serions pas aujourd'hui à gémir sur nos malheurs, à voir notre sol sacré envahi et le chemin de notre capitale au grand large ouvert aux cohortes étrangères.

Mais la plupart des chefs de l'empire ont préféré sacrifier la patrie plutôt que de se battre pour la République. Ils ont douté de l'âme héroïque du soldat et de l'élan de la France. Et cependant une dynastie c'est la figure d'une personne, et la République c'est l'image de la patrie.

Que l'on se figure Paris incendié, 400,000 hommes prisonniers en Prusse, trente-deux départements aux mains de l'étranger, nos places fortes occupées, l'opinion publique épouvantée, des partis s'agitant avec vanité et impuissance, des soldats sans direction. La France n'a-t-elle pas été en partie couchée dans l'abîme ? Le peuple s'est montré admirable en se plaçant sans arrière-pensée sous la direction de la défense nationale.

Que les cœurs se relèvent et que la société n'abdique pas ses droits, ou autrement elle est perdue. Son sauveur, c'est elle-même.

Ne serait-ce pas une folie que de songer à recommencer la guerre ? Ne serait-ce pas une folie que de croire la France riche parce qu'on lui a offert des milliards pour l'aider à se reconstituer ? Ne serait-ce pas une folie que de conspirer contre la République et de faire obstacle à la reconstruction nationale, espérant faire adorer des idoles qui ont causé tous nos désastres ?

Si des hommes ont des idées utiles, qu'ils les offrent à la patrie et non pas à l'égoïsme d'un parti.

L'histoire et l'Europe nous regardent. Ce n'est pas avec la poussière des tombeaux que l'on peut créer un peuple vivant.

Le malheur donne parfois de la grandeur, à la condition que l'âme réagira et ne se laissera pas courber sous son joug. L'espérance doit luire au delà du sépulcre. La force morale vaut mieux que le cliquetis des armes. La liberté est plus féconde que les trônes vermoulus.

On dit, et nous n'osons le croire, qu'il existe des hommes qui désireraient voir le peuple francais avec la langue coupée, les boulets aux pieds, les poings enchaînés, et qu'ils se feraient un cruel plaisir de l'envelopper dans un linceul et de le couvrir d'un suaire, pour jouir de la tranquillité, loin de la République, et s'abreuver de folles idées.

Pourquoi délibérer sur la forme? La République existe; c'est le droit commun; elle constitue la seule forme dont la souveraineté nationale et la liberté puissent être revêtues.

A propos de République ou de je ne sais quelle monarchie, entasser des phrases que ne contiendraient pas 10,000 volumes, agiter les esprits sans effleurer la science et sans résoudre cinq à six problèmes importants, c'est peu instructif et fort peu politique.

Il n'y a ni Messie à attendre, ni transformation extraordinaire à espérer. Le travail et le droit sont le lot de chacun et de tous. L'enseignement, l'organisation de l'armée, les institutions de crédit, les assurances, le système des chemins de fer peuvent recevoir des solutions faciles et pleines de grandeur. En dehors de cela, que voudrait-on donc édifier? Qu'y a-t-il à rêver, grand Dieu?

Les mœurs d'un peuple libre doivent être pures, simples, exemptes de versatilité, de folles ambitions, de débauches, d'abaissements, d'improbité, d'ignorance, d'apathie. Si quelques activités déclassées s'agitent, laissons-les faire, la loi est là. C'est par l'honneur, la charité, le respect du droit, l'accomplissement du devoir, le travail, la dignité, le calme, l'union fraternelle, que l'on doit se montrer républicain.

L'Avenir sort des Tombeaux.

Chaque printemps donne une végétation nouvelle, une richesse de plus. Chaque génération apporte une séve nouvelle, une force de plus. C'est la source du progrès.

A Dieu ne plaise que je veuille rabaisser les hommes d'élite. Au contraire, il faut le reconnaître, leur mission dépasse celle des simples mortels et mérite une place dans la mémoire des peuples. Ils lèguent leurs œuvres. Ainsi font les générations. Mais faut-il placer toutes ses espérances sur des têtes éphémères? Pourquoi regarder le sommet de la pyramide? Remarquez si la base est solide.

Dans dix ou quinze ans, tous ceux qui ont un nom en religion, en politique, en science, dans les arts ou dans les camps, auront peut-être disparus dans le vide des tombeaux. Mais la religion sera-t-elle morte? La société sera-t-elle perdue? Les institutions seront-elles en poussière? La République sera-t-elle anéantie? La science sera-t-elle effacée comme un rêve? Le commerce sera-t-il suspendu? Le sol sera-t-il englouti? Les manufactures seront-elles inactives? Les villes et les bourgades ne seront-elles que ruines? La société n'aura-t-elle ni force, ni voix, ni pensées? Sachez donc envisager avec sang-froid la tombe qui absorbe, et reportez vos regards sur les générations à venir. Ouvrez des horizons; soyez fortement constitués; qu'une pensée saine vous lie. La mort ne fera ni vide ni commotions. La plus belle tombe n'obtient que l'hommage d'un jour. Les âmes fortes doivent dire : La patrie est immortelle. Elle grandit sur les ossements. Les générations qui se suc-

cèdent élèvent l'édifice plus haut. Le génie ne manque jamais. Dieu ne quitte pas le monde. Les efforts s'ajoutent aux efforts, les idées aux idées, les richesses aux richesses, et l'humanité monte. Pour un moine qui meurt, l'abbaye ne tombe pas en poussière. Pourquoi tant d'alarmes pour la perte d'une légion et pour une borne géographique déplacée momentanément par l'ouragan? La vie naît de la mort; l'adversité retrempe les courages; l'avenir sort des tombeaux; l'individu passe; la société reste et conserve tout ce qui doit survivre.

Les peuples et les nations gravitent vers leur destinée en vertu de certaines lois supérieures qui déjouent tous les petits calculs de l'habileté humaine, toutes les péripéties, en donnant souvent un démenti aux gloires d'un jour.

La liberté a ses traditions; la patrie a les siennes : c'est sa conscience. Les vérités religieuses et politiques, les institutions, la fécondité du sol se transmettent sans interruption; elles restent. L'individu passe; la vie sort du tombeau. Le monde de l'éternité, avec ses brillantes splendeurs, s'ouvre aux âmes dégagées de la matière; elles vivent, et sur la terre l'empreinte de leurs pas s'efface. La patrie survit aux tempêtes. Le monde se transforme et ne meurt pas. La civilisation ne descend pas dans la tombe; elle s'enrichit des découvertes des siècles et brise les digues pour se répandre en ondes bienfaisantes. Le fonds social est bon. Les instruments du progrès méritent d'être perfectionnés. Les seuls obstacles qui se présentent proviennent de quelques fausses idées qu'il est facile de dissiper. Les passions ne sont rien.

L'édifice monarchique ressemble beaucoup à un vieux château tombé en ruine. Il est isolé; il paraît fragile comparé à l'édifice républicain, grand comme la société entière, large à sa base, soutenu par de fortes colonnes, et capable d'abriter tous les droits et tous les intérêts.

Définition de la Politique.

Les mots bourgeoisie, aristocratie, démocratie expriment des situations d'argent, de fortune. Ces mots, invoqués par la politique et accouplés aux mots royauté, empire, république, ne représentent aucun sens précis; ils peuvent exprimer une foule de choses différentes. Ils sont à la science politique ce que l'alchimie a été à la chimie. On ne prend pas un écu ou des écus empilés pour créer les institutions sociales.

La distinction entre les pouvoirs, leurs attributions se conçoivent et s'imposent. La pondération des pouvoirs est une idée chimérique.

La société est un corps dont les classes constituent les organes de fonctions : on les nomme : agriculteurs, armée, ordre judiciaire, savants, corps enseignant, clergé, commerçants, artistes, manufacturiers, artisans, administrateurs, ouvriers de tout rang. Mais chaque homme qui appartient à l'une de ces classes, a des droits civils et politiques, des intérêts à faire prévaloir.

On peut définir la politique : 1° la science des lois et des institutions qui doivent exister chez un peuple; 2° la connaissance des règles du droit des gens applicables entre les nations

Or, la connaissance des institutions qui doivent exister implique, en première ligne, la nécessité de connaître l'homme, la société et l'économie politique.

Les principes aboutissent à des généralités, ils ne suffisent pas. L'analyse doit s'emparer des questions. En procédant par abstraction, l'on doit distinguer : le monde civil, le monde religieux, le monde politique, le monde moral, le monde agricole, le monde manufacturier, le monde commercial, le monde des artisans, le monde des ouvriers qui vivent de salaires variés dans les milieux les plus différents; le monde militaire, le monde administratif, le monde du crédit, le monde des asurances, le monde des capitalistes qui vivent du produit de leurs capitaux prêtés; le monde des travaux publics, le monde de la pensée, des beaux-arts et des arts mécaniques. Il faut distinguer l'œuvre du pouvoir législatif, exécutif, judiciaire, celle des instructeurs de l'intelligence, le monde des indigents et de la charité publique; les prisons, les pontons et les bagnes renferment des non-valeurs subversives punies par la loi et contenues par la police.

Quelle plus haute mission que celle d'un grand pouvoir législatif!

La République, non plus militante, mais bien constituée, calme comme la raison, complète comme une statue, doit mettre sa sagesse à ne pas se tromper sur le but de la société et sur l'emploi des moyens propres à l'atteindre.

La destinée humaine, le but de la société ne sont pas des mensonges, des hasards, des mystères incompréhensibles : ils sont écrits dans la conscience publique, dans la religion, dans l'histoire des nations.

L'infini a fait la création selon un plan. La loi des êtres est positive. Dieu parle à notre conscience. Le verbe de la civilisation s'incarne, mais il a sa source au delà du sommet de l'intelligence individuelle. Les langues de feux ne sont autre chose que les inspirations célestes qui illuminent l'humanité et lui font parler le langage de la vérité sous des formes multiples.

L'ordre dans l'univers physique prouve que le monde social est appelé, lui aussi, à constituer un ordre réel, car l'esprit n'est pas au-dessous de la matière; Dieu n'a pas voulu l'ordre pour la matière et l'anarchie pour le monde des intelligences, pour le monde social. Cet ordre a été rêvé par l'antiquité; on l'appelait le *Cosmos*; on a voulu le réaliser avec l'hérédité et l'immobilité des castes. La féodalité l'a recherché avec l'absorption des atomes populaires par la puissance des armes, des fonctions, de la propriété et de la race, consacrée par les institutions, par l'hérédité et la distinction des biens. Le césarisme a signifié la destruction de l'aristocratie par le pouvoir absolu s'appuyant sur la force des légions et sur la démocratie, en promettant à la foule *panem et circenses*. Par aristocratie, on entendait l'ensemble des plus puissants. La démocratie était une aristocratie par rapport à la masse des esclaves.

L'idée chrétienne n'a vu que des hommes et a transformé tout cela.

L'ordre, maintenant, ne peut être obtenu que par le jeu des facultés morales, intellectuelles, religieuses; par l'harmonie des droits, des intérêts et des libertés. La République est appelée à cette œuvre.

Aussi rien n'est plus faux, plus païen, plus révolutionnaire que ces propositions : l'aristocratie est tout, la bourgeoisie est tout, la démocratie est tout, la démagogie est tout; le reste lui fait obstacle.

Le christianisme a effacé toutes ces distinctions. Les forces sont les forces, les axiomes sont des axiomes, la logique est la logique. Il est impossible de démontrer que les vérités sociales évangéliques ne sont pas républicaines, dans la grande acception du mot. Nous ne parlons ici ni des liturgies, ni des dogmes, ni de l'état social historique du clergé. Or, cet ordre, comment voulez-vous l'obtenir sans la religion et sans l'instruction? A cet égard, le christianisme et les sciences actuelles nous suffisent.

L'instruction comprend trois choses : l'*idée*, la *forme* et les *exercices du corps*.

Sans insister ici sur l'idée et sur les exercices du corps, ne songeant qu'à la forme, si nous rentrions dans le sanctuaire d'un lycée, avec la réminiscence de notre jeunesse, nous dirions, selon les degrés de l'intelligence et de l'âge : Il faut la prononciation, la lecture d'une langue, des traductions purement littérales, des compositions écrites, l'appréciation du mécanisme grammatical, l'étude des littératures comparées, la biographie des auteurs et la connaissance de leur époque; car on ne connaît pas Homère, Eschyle, Démosthène, Cicéron, Virgile, Horace et leur temps. Après cela, instruisez par interrogations, par dialogues; provoquez des appréciations verbales, des commentaires. Aux langues anciennes, ajoutez l'allemand, ou l'anglais, ou l'italien.

Et le monde terrestre, avec ses progrès, ses défaillances, ses plaisirs et ses larmes, ses enfances et ses vieillesses, ses injustices triomphantes et ses vertus persécutées, suffit-il pour expliquer la destinée humaine? Elle paraîtrait inexplicable si l'on retranchait, d'une part, la réalité absolue qui récompense, et de l'autre, la loi des êtres, la liberté et l'immortalité de l'âme. Si vous avez été purs d'esprit, vous aurez pour récompense le ciel; si vous avez souffert pour la justice, vous aurez pour récompense le ciel; si vous avez été pauvres, déshérités de la fortune, honnêtes et vertueux, vous aurez pour récompense le ciel, et les riches n'y entreront pas aisément : le chameau entrerait plutôt dans le trou d'une aiguille.

Que la France soit grande comme puissance et avec ses éléments de civilisation; mais rien ne prouve qu'elle ait reçu une mission spéciale. A cet égard, on aurait tort de la comparer aux Hébreux, aux Grecs ou aux Romains.

Le contraire ressort de l'établissement du christianisme, qui constitue un fait européen, du génie propre à chaque littérature, et de la culture scientifique et industrielle, qui porte un caractère de généralité.

En continuant de parler politique, que l'on nous délivre des appels aux armes; la pensée est assez forte pour réussir avec les moyens qu'elle possède. Que l'on nous délivre des démagogues qui cherchent un piédestal d'un jour dans le foyer des passions aveugles. En précipitant la République dans l'abîme, ils se verraient forcés de tendre les reins au fouet du despotisme. Il n'existe pas de couches sociales inférieures. Le simple ouvrier, le simple cultivateur est aussi grand citoyen que le seigneur du canton. La masse n'aspire pas au pouvoir; elle n'a soif que de justice et de vérité. De justice, pour conserver ses droits;

de vérité, pour pousser le gouvernement à bien faire. Chaque individu apporte sa pierre et sa peine pour la construction de l'édifice et sa consolidation. Chaque nation est une ouvrière du progrès. Il est vrai que leur développement ne s'effectue pas parallèlement. Caïn et Abel représentent l'antagonisme entre les classes industrielles et agricoles. Mais ce phénomène, qui tend à se reproduire de nos jours, viendra buter contre la lumière de la science, le principe de la solidarité économique et le dogme de la fraternité civile, politique et religieuse.

Du champ clos réservé à la lutte.

Qu'est-ce qui constitue un parti politique? C'est un ensemble d'idées; il faut ajouter de passions et de sentiments.

Il est évident que les partis politiques existent, parce que les manières d'envisager l'homme, la société, les institutions sociales, l'économie politique, les gouvernements, ne se ressemblent pas.

Cependant, entre ces idées qui ne se ressemblent pas, il y a des vérités et des erreurs, car elles ont un objectif réel.

Pour les principes, le criterium du vrai se trouve dans le sens commun; pour les vérités scientifiques, il réside dans la science.

Il y a des vérités que tout le monde conçoit de même; pour celles-là, elles sont bien vraies. Mais il en existe qui sont relatives, qui se dégagent de la croissance de la société.

Voici un principe incontestable : si la religion, la propriété, la famille, l'instruction, le droit civil, le droit politique conviennent pour une classe, ils doivent convenir pour toutes, parce que la nature humaine est la même; les êtres doivent en être investis par les mêmes moyens.

Parmi ces idées, qui constituent les partis et qui ne se ressemblent pas, évidemment les unes sont vraies et les autres sont fausses. Les unes reposent sur des principes reconnus, des vérités acquises, sur la connaissance de l'homme, de la société, des attributions du pouvoir; les autres reposent sur des sophismes, des négations, des manières incomplètes d'envisager l'homme, la société, le rôle de l'Etat.

La politique de Platon et d'Aristote n'offre plus aucune application possible de nos jours, parce que ces deux génies professaient des idées toutes différentes des nôtres à l'égard de l'homme et de la société.

La politique machiavélique, applicable aux petites républiques du moyen âge, n'a plus de raison d'être aujourd'hui. La politique qui s'inspirerait de la théorie du sensualisme aboutirait au despotisme d'un seul ou de la foule.

Ce n'est pas avec les rêves des idéologues, les idées des parvenus ou les aspirations déplacées, parties d'en bas, que l'on doit fonder un système politique.

La société est vraiment fatiguée, ennuyée de voir chaque jour mettre en question les conditions de son existence et de ses progrès. On dirait que ce n'est pas quelque chose de solide, de sacré.

Tantôt on attaque la religion, l'ordre, la propriété, la famille. La religion, par l'émission d'absurdes idées arriérées; la famille, en proclamant la dissolution du mariage, l'affaiblissement du lien conjugal: le mariage est un roman qui doit répondre à l'idéal de la passion, du sentiment, des convenances, de l'ambition, des modes coûteuses. La propriété est attaquée avec l'idée de l'impôt progressif et de la suppression de l'intérêt, du revenu, du capital.

Tantôt on se rue sur le suffrage universel, la souveraineté parlementaire, la liberté de la presse; la diffusion des lumières, la démocratie sont des cauchemars. D'une part, on dit aux prolétaires d'avoir une ambition de salaires illimités en principe et en fait; d'un autre côté, les hommes capables de remplir les emplois publics attaquent ou soutiennent aveuglément le gouvernement qui leur donne ou qui leur refuse leur case. Il leur faut de gros traitements.

La religion n'a pas été faite pour le prêtre, mais pour tous. La République ne doit pas être monopolisée. Remettre l'enseignement entre les mains des corporations ou de l'Etat, c'est commettre un attentat horrible. Abstraction faite des matières de l'enseignement, il constitue une fonction comme celle exercée par la magistrature, et qui doit être organisée d'une façon uniforme, contrôlée par un jury capable et indépendant.

Il est vrai, la politique triomphante a des devoirs à remplir. Elle ne saurait choisir pour représentants de l'autorité, pour fonctionnaires publics, des hommes qui attaqueraient la République, refuseraient de la consolider et travailleraient révolutionnairement à la restauration des monarchies déchues.

Se demander tous les jours, dans les journaux, sur les places publiques, qu'elle sera la forme de l'Etat, c'est causer comme des nouvellistes, c'est expectorer des regrets superflus. Est-ce bien séant de se livrer au scepticisme, au linceul du passé? De prouver que l'on manque d'idées et de principes? D'entretenir une inquiétude révolutionnaire dans les esprits? S'occuper de toutes ces choses, n'est-ce pas faire de la politique subversive? N'est-ce pas pratiquer l'anarchie pour récolter des ruines? Est-ce que, depuis 1789, l'histoire n'a pas démontré que la monarchie était impossible? Est-ce que le premier et le second empire n'ont pas été des usurpations accomplies par une caserne? Est-ce que Louis XVIII n'a pas été imposé par l'étranger? Est-ce que le trône de 1830 n'a pas été fabriqué chez un banquier? Ni les hommes, ni les monarchies n'ont compris les droits et les besoins de la société. Est-ce que le dernier césarisme n'a pas déterminé la plus grande prostration morale que l'histoire nous fasse connaître?

On parle de forme. Est-ce que les formes sont des modes? Est-ce que l'on gouverne avec des formes arbitraires, des clameurs, des dynasties qui jouent tour à tour un rôle? Est-ce que la République ne doit pas être permanente, comme la société?

La forme de l'Etat, eh bien! c'est le pouvoir législatif permanent, exercé par une Assemblée issue du suffrage universel. La forme de l'Etat, c'est le pouvoir exécutif nommé par cette Assemblée et revêtu de certaines attributions qui lui confèrent de la stabilité, de l'initiative, de l'indépendance, de la durée pour une session et pour l'installation de la nouvelle Assemblée.

Quelle autre forme pourrait-on donc donner rationnellement au pouvoir? Est-ce qu'une volonté personnelle est une forme? Est-ce qu'un homme est une forme politique? Et que doit donc faire le pouvoir qu'il s'agit d'organiser? Sa forme se déduit de ses fonctions.

Et l'Assemblée dépositaire du pouvoir législatif, est-ce qu'elle a le droit de tout faire? N'est-elle pas elle-même gouvernée par la science, par la morale, par le principe de la souveraineté nationale, par les idées qui circulent, par les événements qui s'imposent?

La République, considérée comme État, n'est autre chose que le pouvoir suprême exercé par les mandataires de la société.

Pourquoi redouter le suffrage universel? N'est-ce pas insulter la nation, manifester une crainte puérile, entretenir le provisoire et prouver que l'on nourrit de mauvais desseins? Peut-on prendre sa base d'opérations ailleurs? Après trois ou quatre ans de session, ne faudra-t-il pas toujours des élections générales? Est-ce que le peuple français n'a pas appris à se servir du vote? Et l'on tremblerait devant le verdict de la raison publique!

La solution de la forme doit conduire à d'autres solutions. Quelle sera l'œuvre sociale de la République constituée? Nous l'avons dit : l'organisation de l'armée, des institutions de crédit, des assurances, de l'enseignement, du canton, de l'administration des chemins de fer. On ne voit pas assez la grandeur de ces institutions; elles transformeront la situation. Les questions ont été posées devant l'Assemblée actuelle; elles n'ont pas encore été résolues.

Au milieu de ces expressions animées : fraternité, enseignement gratuit et obligatoire, mouvement des capitaux, banque, crédit, travaux publics, bien-être du peuple, service militaire personnel et obligatoire, impôt sur le revenu, on n'aperçoit point de construction nouvelle. Bientôt les mots n'auront plus d'excitant pour la pensée; l'esprit public se blasera en présence d'une œuvre morte, si ce sont toujours les vieilles idées et les vieilles choses qui dominent. Il ne suffit pas de faire la police dans la rue et de repousser quelques idées pillardes ou surannées.

Les institutions sont un mécanisme. Elles constituent des instruments propres à faire circuler des idées, des droits, des richesses.

Lorsque la raison républicaine aura décrété close l'ère des révolutions, elle s'attirera bien des partisans; elle en acquerra plus encore en réalisant les réformes dont la société a besoin pour son élévation.

A notre époque, tout est rendu public; tout procède par masse; on ne peut plus faire de la politique au coin du feu; il faut que la parole sociale intervienne partout; que les activités, que les intérêts soient des groupes enlacés, solidarisés par des institutions fortes, qui fonctionnent avec ensemble, qui répondent à un grand bien public, et dont la base, le moyen et le but ne soient pas seulement l'*ego*. Le pouvoir sera fort lorsqu'il représentera la masse; l'enseignement sera fort lorsqu'il représentera la masse; l'armée sera forte lorsqu'elle représentera la masse; les institutions de crédit seront fortes lorsqu'elles représenteront la masse; les assurances seront fortes lorsqu'elles représenteront la masse; et par masse, nous n'entendons pas le nombre des gens peu aisés. On voit dès lors les proportions que devra posséder l'édifice à construire. Après la construction de l'édifice, la paix règnera. Le temps approche donc où la politique aura trouvé son calme, sa marche naturelle. Les affaires se traiteront aussi simplement que les travaux agricoles. Les grands mots auront fait place à la réalité. Le fait dominera l'illusion. Le droit règnera sans conteste, et chaque classe remplira honorablement sa fonction. Ceux qui invoqueront les hécatombes, le sabre, la guillotine, le pillage, l'esclavage seront considérés comme des monstres égarés.

Qu'elle est la nation qui n'a pas éprouvé des jours d'adversité ou des douleurs pour son enfantement et ses progrès? Ceci nous est raconté par l'histoire de la Russie, de la Pologne, de la Scandinavie, de l'Autriche, de la Prusse, de l'Espagne, de l'Italie, de la Suisse; et dans l'antiquité, par celle de Rome, de la Judée et de la Grèce.

Evitons le sommeil de la mort. Les ennemis de la République tireraient parti de la léthargie sociale. On remarque un tel affaissement dans certains caractères qu'ils préfèreraient la nuit du passé aux vastes horizons, aux clartés de l'avenir.

Nous n'avons jamais compris qu'un homme fût assez orgueilleux pour vouloir le gouvernement de la société pour lui et sa lignée.

L'accouplement de l'Eglise et de l'Etat a été fatal aux deux éléments. L'Eglise a commis une faiblesse en abandonnant au pouvoir civil la nomination aux fonctions ecclésiastiques les plus élevées. Sous ce rapport, dit-on, les papes n'ont pas fait preuve d'infaillibilité. Les nominations ne doivent appartenir ni au pouvoir temporel ni au Pape, mais bien à l'Eglise. Et, pratiquement, est-ce au clergé français à nommer le clergé italien? Au Pape, l'institution canonique.

Est-il rien de plus grand, de plus digne qu'un peuple libre, qui sait faire une haute application de ses facultés dans toutes les sphères de la civilisation? Est-il rien de plus avili qu'un peuple devenu la proie de la force, de l'ignorance, de la cupidité, et dont les facultés ont été garrottées?

1870 a donné la main à 1789 et à 1848 pour proclamer l'émancipation civile, politique, économique du peuple français, au-dessus de cinq sceptres brisés. D'un pas infatigable, il a parcouru d'affreux chemins, des précipices mortels; plus d'une fois il a doublé le cap des tempêtes, mais enfin il a mis le pied sur la terre promise.

Les sociétés cesseraient d'être si elles n'étaient pas gouvernées par des principes. Non-seulement elles existent, mais encore elles se développent. C'est avec les idées que l'on crée l'édifice; l'édifice une fois créé, le plus simple bon sens peut le comprendre. Une vérité mise au monde ne périt pas. L'humanité avance; il lui est impossible de rétrograder. Les générations s'élèvent en s'enrichissant du legs du passé.

La France n'a-t-elle pas à sa disposition d'excellents éléments de civilisation? Science, littérature, religion, beaux-arts, services administratifs, géographie, richesse du sol, voies de communication, arts mécaniques, agriculture, commerce, institutions, manufactures, pensées publiques, tout paraît doué d'une grande puissance. C'est au peuple français à prendre conscience de lui-même. Si donc notre époque paraît tourmentée, il faut l'attribuer à l'action de quelques fausses idées, à des désastres inouïs dans l'histoire, à l'absence d'une République fortement constituée, à l'inertie du citoyen dont l'intelligence n'a pas été cultivée. Le milieu social, en attendant les grandes institutions, ne gêne en rien la liberté.

Des intelligences vives et ornées, des esprits avides, aux prétentions gouvernementales, traitent, avec un sans-gêne méprisant, la société, la religion, les droits, la destinée de l'homme, la liberté, la souveraineté nationale. La République comprend autrement la gravité du monde.

Lorsque la nation française, cultivée par la philosophie et l'évangile, s'est manifestée sous forme de République, avec un élan irrésistible, elle a fait de grandes, de sérieuses choses. Les individualités l'ont tuée.

L'histoire inaltérable est là pour le dire : pas un gouvernement monarchique ne peut comparer son œuvre aux grandeurs conquises par les républiques qui ont régné pendant quelques heures sur la France. Quel est donc le gouvernement qui a semé autant de droits, de principes, de pensées, fondé autant d'institutions et accompli d'aussi sublimes efforts? Les républiques seules sont capables de permettre à un peuple de prendre conscience de lui-même et de manifester toutes ses puissances. De leur temps, l'œuvre d'un jour a dépassé l'œuvre d'un siècle.

Si des fautes leur sont imputables, elles furent provoquées par les vieilles idées, les antiques priviléges. Elles naquirent de la faiblesse humaine, de l'inaction de la société, de l'inconvénient d'un programme non arrêté, de l'impossibilité de remplacer subitement les vieilles institutions par des nouvelles, acceptées, entrées dans les mœurs. Elles furent commises par des partis qui abusèrent de la République, qui voulurent la mettre au service de leur impiété, de leur colère, de leur passion, de leur cupidité.

Nous ne parlerons pas des crimes de la Terreur. Ils eurent pour conséquence un soulèvement des forces morales de la société et des nations extérieures contre l'établissement et la durée de la République. Il faut être archi-aveugle, archi-criminel pour croire que l'on triomphe et que l'on fonde quelque chose avec la guillotine. Est-ce que l'on peut couper le cou à une idée?

N'est-ce pas la première République qui a émancipé, dignifié, sauvé et agrandi la France?

Est-ce que la République de 1848 aurait manqué à sa mission si on lui avait accordé le droit de vivre?

Quel est donc le monarque qui aurait pu accepter la liquidation des désastres du dernier empire?

Quel est donc l'homme qui voudrait régénérer la nation avec l'eau bénite des cours, le silence des tombeaux, la compression des activités, le balbutiement des vieilles maximes usées, l'intimidation imposée aux capitaux?

Vous voulez un cataclysme pour voir surgir un drapeau désiré; vous ne l'aurez pas. Vous voulez des hécatombes; vous n'en aurez pas. Vous voulez le sabre, la guillotine, la fusillade, le pillage; vous ne les aurez pas. Vous voulez des royautés, des exploitations en commandite, des destructions de classes sociales, d'intérêts sacrés, des agitations fiévreuses et alarmantes ; vous n'en aurez pas. Vous aurez le droit, la vérité, le bons sens, la discussion, les pouvoirs publics, l'épée de l'ordre, le suffrage universel, l'attitude confiante et laborieuse du peuple français, qui prosterneront vos desseins dans la poussière. Pour un peuple parvenu à l'âge de raison, il lui faut des formes dignes de sa taille. Les langes de l'enfance ne lui conviennent plus. Et quand l'Europe nous offre ses sympathies, elle les adresse au droit, à la nationalité, à tout ce qui fait la grandeur de la civilisation et des peuples.

Un mouvement inspiré par le sentiment de la grandeur morale vaut mieux que l'adulation d'un jour donnée à une épée victorieuse.

En terminant cette préface trop longue, mais qui nous a paru nécessaire, nous voulons, avec un seul mot, révéler notre pensée et préciser le but.

Républicanisez, ne comprimez pas, n'abaissez pas, n'agitez pas, ne révolutionnez pas, faites *grandir*. Faites grandir le monde politique en versant à flots la lumière dans les masses. Faites grandir l'Etat en le rendant l'expression pure et complète de la société, abstraction faite des partis.

Le monde est un composé de quelques éléments simples. Sachez combiner.

Faites grandir les jeunes intelligences en combinant l'enseignement selon les besoins intellectuels de l'âge et des vocations. Faites grandir la petite commune en la combinant par l'administration cantonale. Faites grandir l'armée en combinant les forces dont l'art militaire peut disposer. Faites grandir l'ouvrier en groupant le travail et le capital, en lui donnant pour piédestal l'association et le crédit. Faites grandir la section électorale en lui conférant la valeur d'une unité tactique. Faites grandir l'agriculture, le commerce et les manufactures en leur offrant des voies de communication et des capitaux à bon marché. Faites grandir les institutions de la Banque de France, du Crédit foncier et des caisses d'épargne en les combinant, en les généralisant et en y ajoutant mon invention du billet hypothécaire; elles feront rouler 100 milliards au lieu de 20. Faites grandir les assurances en combinant les compagnies qui ont fractionné les opérations. Faites grandir le citoyen en le combinant avec l'opinion publique. Faites grandir les caractères en leur dévoilant la grandeur des moyens et du but. Faites grandir toutes les classes de fonctionnaires en les affranchissant du despotisme de l'Etat. Faites grandir les esprits à la hauteur d'un idéal plus haut que la terre. Que les lois soient sages et faites grandir la justice par le respect des lois.

A l'œuvre, les bons ouvriers ; faites toutes ces choses et la patrie aura grandi.

Les solutions ne s'éloigneront pas beaucoup de notre plan. Ayant vécu pendant vingt-cinq ans dans l'adversité, nous nous trouvons en conformité avec les circonstances. Ce qui s'est passé n'a pas été le rêve de ma vie.

La politique est une science qui se divise en plusieurs branches. Elle possède des principes, des buts, des objets positifs. Elle est utile et nécessaire à toutes les classes.

Une nation s'appartient à elle-même comme un individu s'appartient à lui-même. Elle a le droit, le besoin d'administrer ses intérêts généraux comme l'individu a le besoin et le droit d'administrer ses intérêts privés. Il lui faut des lois, un pouvoir.

Quels sont ses intérêts généraux? Par quels moyens les faire prévaloir? Quelles sont les institutions qui doivent exister? Quelles sont les lois qui s'adaptent à la généralité ou aux particuliers? Par qui seront-elles faites et exécutées?

On ne s'entendra jamais si l'on discute superficiellement sur les dates, sur les personnes, sur les mots bleu, blanc, rouge, royauté, empire, république, aristocratie, bourgeoisie, démocratie, réactionnaire, radical, modéré, ultra, légitimité, souveraineté. La liberté se pose et n'est pas discutable. Que doit-on entendre par un royaliste radical ou libéral, un impérialiste radical ou libéral, un républicain libéral ou radical? Que doit-on entendre par royauté aristocratique, bourgeoise ou démocratique? Que doit-on entendre par un empire aristocratique, bourgeois ou démocratique? Que doit-on entendre par république aristocratique, bourgeoise ou démocratique? Ou nous nous trompons fort, ou ces diverses propositions ne peuvent aboutir qu'à une obscure et stérile logomachie.

Pour en sortir, il faut que les questions d'intérêts, de principes, de faits, de formes, soient carrément posées d'après la connaissance de l'homme et de la société, envisagés dans chaque sphère de civilisation, avec leurs besoins, leurs droits et leurs intérêts. La raison d'être d'une institution exclut ce qui est en deçà et au delà : elle est ou elle n'est pas.

Rayons les mots ordre et liberté employés par le langage dynastique.

Avec l'éclat des lumières actuelles, il ne peut exister que des hiboux de carrefour, des conspirateurs de bas étage, des intrigants égoïstes ou fanatiques, ou des hommes parlant en plein soleil le langage de la vérité.

Le peuple français est trop fort, trop clairvoyant, trop digne pour se laisser aplatir et déshonorer par un mauvais gredin et ses acolytes prêts à lui mettre la main sur le corps.

Nous sommes trop prodigues de définitions. Qu'est-ce que l'armée? C'est la nation armée sous une forme vraie et appropriée au but.

Qu'est-ce que la République? C'est la nation sous une forme vraie et appropriée au but, etc., etc. Allons aux solutions.

Créer et comprendre les merveilles de l'industrie est chose plus difficile que de comprendre et de pratiquer les affaires ordinaires de la vie politique.

Les mots : royauté, empire, république indiquent la variété des formes du pouvoir.

Les mots : aristocratie, bourgeoisie, démocratie désignent l'état social avec ses variétés et ses degrés de fortune.

Modéré, *extrême*, sont des expressions qui s'appliquent au caractère individuel, au tempérament, puis à des idées graduées, à l'emploi des moyens.

La révolution psychologique à opérer est celle-ci : pour le subjectif, il faut l'activité, l'intelligence, la raison, la liberté, au lieu de la passivité. Pour l'objectif, la majesté de la représentation nationale au lieu d'un homme.

Le Temple de la Civilisation.

En souvenir des Grecs, amoureux des beaux-arts, jeunes gens qui entrez dans la vie, daignez fixer pendant un instant vos regards sur le temple de la civilisation.

Ses fondements reposent sur des bases solides ; il a pour granit la raison, le sens commun. Ses hautes murailles sont faites avec des matériaux pris indistinctement dans la masse ; ils ont pour ciment des sueurs, des larmes et du sang. C'est avec des ossements que l'on construit les temples et les cités. Les sept rangs d'escaliers qui conduisent à la plate-forme représentent les générations connues qui, depuis environ 7;000 ans, ont peuplé l'univers. Les colonnes qui règnent extérieurement autour de l'édifice, ce sont les classes sociales avec leurs fonctions. La toiture est fabriquée avec du fer ; ce sont les armes de guerre qui servent d'abri. Sur le fronton, vous lisez une dédicace de la patrie reconnaissante aux grands hommes qui l'ont illustrée ; le groupe des figures est dû au ciseau du sculpteur. A l'intérieur, deux rangées de colonnes, richement sculptées, représentent la religion, les beaux arts, les sciences, les trois branches d'industrie, les arts mécaniques et la liberté. Les à côtés sont reliés par des voûtes solides construites avec des lois. Arrivés au transept, en élevant vos regards, vous apercevez trois immenses coupoles : deux sont remplies de peintures murales ; l'une d'elles contient un sujet sculpté.

Dans la coupole de gauche, c'est la puissance créatrice avec ses attributs. Autour d'elle, les mondes surgissent aussi nombreux que les grains de sable sur les bords de la mer.

Dans la coupole de droite réside un foyer de clarté, de pensées, de lumière, qui éclaire les esprits en tout temps et dans tout l'univers.

Au centre, vous voyez le Christ relevant les blessés tombés sur le champ de bataille, les soignant, les guérissant, distribuant des couronnes aux martyrs, et, d'un regard inspiré, indiquant à l'humanité le chemin de son ascension. Au centre de l'abside se trouve placé l'autel de la patrie, offrant, en bas-relief, les grandes figures de l'histoire.

Autour de lui trois statues se tiennent debout : le génie de l'humanité, le génie de la France, le génie de la liberté.

Dans des cases, disposées le long des murailles des nefs latérales, sont suspendus de riches tableaux ; ils représentent : 1° des sujets religieux tirés du christianisme ; 2° l'agriculture, ses chaumières, ses travaux, ses animaux ; 3° les ateliers des ouvriers ; 4° le fonctionnement des grandes manufactures ; 5° les batailles ; 6° les établissements de charité ; 7° des modèles d'architecture.

Dans la nef principale et en face l'une de l'autre, deux tribunes. Du haut de l'une d'elles retentissent les paroles qui cultivent les facultés et sèment les idées. Dans l'autre se trouve caché l'instrument de la télégraphie électrique, qui fait vibrer l'idée dans l'univers d'une manière soudaine.

En face de l'autel de la patrie, vous voyez soixante-douze stalles sculptées distribuées sur trois rangs pour recevoir les membres de la chorale et ceux de la société philharmonique, chargés d'exécuter les hymnes nationaux et les chefs-d'œuvre de l'art musical.

En recevant la lumière, qu'ils transmettent à l'intérieur, les vitraux des hautes fenêtres rappellent, retracent les facultés psychologiques qui se voient illuminées par le prisme des vérités.

Les trois portes d'entrée indiquent le passé, le présent, l'avenir, conduisant les générations au culte de la vérité.

Elevez l'esprit humain vers les sept merveilles du monde et ne le laissez pas s'abaisser, comme celui de l'humanité primitive, au culte de la vie matérielle, des fruits défendus, des oignons, des animaux et des faux dieux.

Et quelles sont ces sept merveilles? 1° Le monde des cieux où brillent la lune, le soleil et les étoiles; 2° l'univers avec ses formations et ses différents règnes; 3° le corps physique de l'homme et de la femme; 4° les facultés psychologiques de l'âme; 5° le christianisme; 6° les éléments de la civilisation; 7° l'organisme et le fonctionnement de la société.

Réfutation de la théorie du progrès continu.

Rien n'est plus faux que le système d'un progrès continu. Cette notion abstraite ne peut paraître vraie que si on en fait l'application à l'humanité entière. Sans doute, la science, les arts mécaniques, l'industrie n'ont pas dit leur dernier mot. Mais quel progrès continu voulez-vous demander à la peinture, à la sculpture, à l'architecture, au catholicisme, à certaines institutions organiques de l'enseignement, du crédit, des forces militaires, à la liberté civile, à l'égalité politique, à une langue formée, à la presse, aux notions d'absolu, d'infini, à la pureté des mœurs, à l'élévation des caractères? Il est vrai qu'en se renfermant dans la sphère pratique, on aperçoit un immense progrès à réaliser et qui consiste à vulgariser, à répandre le droit, les idées, les capacités, les forces productives des richesses.

On ne change pas les institutions et les Etats au gré des saisons, des climats, au gré de la pluie et du beau temps, de l'abondance ou de la disette des récoltes; on ne les change pas au gré des paroles sonores de l'éloquence, du souffle de la foule, de la voix du canon, au gré des bizarreries de caractère et d'imagination, ou des ambitions turbulentes. Il y a pusillanimité à rendre les gouvernements responsables des récoltes ou du prix des denrées.

Au surplus, on peut donner au fonctionnement politique du pays, à la constitution du pouvoir, à l'organisation de l'armée, de l'enseignement, des institutions de crédit, de l'ordre judiciaire, un tel caractère de grandeur, de généralité, d'intérêt commun, de vérité, que les efforts individuels ne songeront jamais à les attaquer.

Le pouvoir, dans nos sociétés modernes, a un rôle civilisateur à remplir. Il est à croire que les assemblées républicaines se montreront plus civilisatrices que les chambres monarchiques et que les présidents de la République française laisseront des traditions qui ne feront pas regretter celles des vieux régimes.

Dangers de la Mnémotechnie.

Les phrases correspondent aux opérations intellectuelles d'observer, percevoir, concevoir, qualifier. Nous avons jugé utile de purifier le langage politique d'une foule de considérations, de mots qui ont la prétention d'exprimer des pensées.

Connaître les lettres de l'alphabet, les voyelles, les consonnes, le substantif, le verbe, l'adjectif, l'adverbe, la préposition, le sujet, l'attribut, ce n'est pas une raison pour savoir écrire en beau style et pour posséder des idées.

Des esprits subtils ont voulu, à tour de force, prouver non-seulement qu'il existait des rapports entre le physique et le moral de l'homme, mais encore entre l'homme et les animaux, et ils ont fait l'application de leurs visées dans la sphère politique.

Les phrénologistes, les physiologistes, les naturalistes politiques ont donc dit : A telle conformation du crâne correspond telle faculté politique. Il existe dans l'organisme humain, de la lymphe, du sang, de la bile, des sucs, de l'eau. Leur défaut d'équilibre, de pureté, engendre des maladies ; et vous retrouvez, dans la sphère politique, des hommes lymphatiques, sanguinaires, bilieux ; au point de vue de la physionomie et des instincts, vous voyez des loups, des taupes, des serpents, des moutons, des renards, des lions, des tigres, des chacals, des hyènes, des aigles, des hibous, des geais orgueilleux, des perroquets, des dévorants, des rossignols.

En envisageant l'organisme, les uns partent d'un idéal absolu et disent : Les organes du corps social sont forts, robustes, dans un état normal, les facultés sont saines ; faites des institutions en conséquence. Les autres envisagent la société comme une grande malade se tournant, se retournant tantôt d'un côté et tantôt d'un autre, affligée de plusieurs maladies provenant ou d'une mauvaise combinaison des éléments sociaux, ou de l'altération des facultés intellectuelles et morales, ou des vices du pouvoir, et ils invoquent la pathologie, la thérapeuthique pour la secourir.

Les politico-psychologues font tout découler des éléments de la nature humaine, et ils disent : En politique, les hommes qui agissent, qui pensent, qui fabriquent des institutions, qui jugent la société ou le pouvoir, se trompent lorsqu'ils prennent pour base exclusive ou les sens, ou les sentiments, ou l'imagination, ou la liberté, ou l'intelligence, ou l'autorité.

L'autorité peut être dans le vrai ou dans le faux. Si la politique ne faisait attention qu'à la sensibilité, au matérialisme ; si elle niait les autres facultés, elle opprimerait les sentiments, l'intelligence, la liberté, la raison ; elle emploierait la force comme principe. La politique des sentimentalistes serait des plus stériles. En effet, il ne suffit pas de dire : « Nous sommes frères, aimons-nous ; voilà toute la loi et la politique. » D'un autre côté, donnez le pouvoir aux intelligents goïstes privés de sentiments et de raison : ceux qui ne savent pas seront exploités par ceux qui savent. La raison elle-même ne suffirait pas pour faire de la politique, car elle a besoin d'être secondée par la liberté qui agit, par l'intelligence qui prépare les matériaux. Avec l'imagination pour guide, vous seriez toujours à côté de la réalité. On en a conclu que, pour obtenir la vérité, il fallait avoir recours à l'application des facultés psychologiques fonctionnant avec accord et généralité.

De nos jours, il y a des hommes qui se disent les apôtres du progrès et qui veulent rabaisser la société aux instincts de l'animal.

Un peuple qui ne porte pas une idée religieuse dans sa tête ressemble à un guillotiné.

Les mots : démocratie, bourgeoisie, aristocratie font obstacle à l'intelligence du vrai.

Autant la liberté est féconde si elle est gouvernée par la raison, par le vrai, autant elle est destructive, si elle se jette dans l'erreur.

Il y a un fait qui vous étonne de la part de ceux qui s'occupent d'histoire et de principes républicains.

On veut bien payer un tribut de reconnaissance aux hommes célèbres qui, dans un moment donné, ont travaillé à l'émancipation de leur pays, à la fondation d'une République, et l'on oublie celui qui, le premier, a révélé et fondé la République en principe et dans sa forme, le Christ.

Est-ce que les idées républicaines auraient pu surgir en dehors du christianisme? Est-ce que ce n'est pas l'Evangile qui a rendu les hommes égaux en droits, qui les a appelés à l'accomplissement des mêmes devoirs? Est-ce qu'il n'a pas voulu établir une communion sociale et religieuse entre tous les êtres? Est-ce qu'il n'a pas glorifié le travailleur en le plaçant, en considération, en mérites, au-dessus du riche orgueilleux, dur, paresseux? Est-ce quil n'a pas proclamé que la hiérarchie devait avoir sa raison d'être, sa source dans le devoir, le dévouement, l'élection, la loi sociale? Est-ce qu'il n'a pas affranchi la femme moralement et civilement? Est-ce qu'il n'a pas érigé la charité en dogme en recommandant de faire couler les bienfaits de la civilisation du côté des déshérités, des infirmes de ce monde? Est-ce que le Christ n'a pas pris naissance dans la démocratie? Est-ce qu'il n'a pas travaillé à son exhaussement? Est-ce qu'il n'a pas proclamé la souveraineté sociale en disant que tout pouvoir devait être conforme à la loi de Dieu, loi de justice, d'égalité, d'amour? Voilà l'unique, le grand fondateur de la République en principe et dans sa forme, République d'autant plus forte qu'elle est entrelacée de vérités religieuses et morales, soutenue par une foi céleste.

Qu'est-ce que le Verbe de la Civilisation?

Le verbe divin est une force qui s'ajoute à celle de l'âme et spécialise, fait surgir une pensée dans l'esprit humain; il en résulte une révélation. On donne encore à cette force les noms de grâce, d'inspiration, de génie. On entend également par verbe la forme, le corps de la pensée. C'est ainsi que les Grecs ont donné le nom de *logos* (discours) aux notions impersonnelles de la raison. On a dit aussi : Le monde physique constitue la forme de la pensée divine ; c'est son langage. De même on a dit : *Le verbe de la civilisation*, pour désigner l'ensemble des idées humaines exprimées sous les différentes formes dont elles ont été revêtues.

Les idées ne se transmettent pas comme un objet matériel. Mais, en vertu de certains signes sensibles, usités par les intelligences qui entrent en relations, en vertu des ondes sonores, aériennes, mises en mouvement par l'organe de la voix, entendues par l'ouïe et frappant l'esprit, vous provoquez, dans l'intelligence qui vous écoute, les mêmes opérations que vous avez accomplies vous-même, et l'auditeur possède la même pensée que vous. Ce phénomène intellectuel peut être plus prompt que l'éclair.

Les civilisations sont des associations d'idées; elles se forment en vertu d'une loi de notre intelligence. Une fois existantes, il est très-difficile de les dissoudre. L'essentiel, c'est donc que les idées qui entrent dans la formation soient vraies, bonnes, fécondes.

Les mots patrie, famille, religion, liberté, société, politique, industrie, soulèvent une foule d'idées pour la masse ; de même que les mots mathématiques, physique, chimie, anatomie, physiologie, droit, économie politique, soulèvent des groupes d'idées pour les savants.

La chimie, l'anatomie et la physiologie vous diront à peu près ce que c'est que l'homme physique ; mais qui vous enseignera ce que c'est qu'un homme religieux, moral, politique?

Nous vivons intérieurement par les sens, par le cœur, par l'imagination, par l'intelligence. Nous vivons dans un monde idéal avec l'idée formée. Nous vivons extérieurement avec les formes et les actions qui sont le reflet de la vie interne.

Lorsque l'on répète qu'il a existé et qu'il existe des civilisations aveugles, paralysées, muettes, pétrifiées, pourries, boîteuses, cadavériques, sourdes, fantômes, que désigne-t-on par ces mots? On indique que le mal existe dans les esprits, dans les cœurs, dans les mœurs, puis dans la situation des personnes et dans les institutions. Donc, c'est l'esprit qu'il faut réformer avant tout. La civilisation aveugle est celle qui est privée de lumière. La civilisation muette, sourde, est celle qui n'entend pas la vérité et qui ne l'exprime pas. Une civilisation est boîteuse lorsqu'une partie des êtres ne marchent point. Une civilisation est paralysée lorsqu'il y a inertie totale ou partielle de la part des esprits et des activités, faute de vérités alimentaires, de force interne. Une civilisation cadavérique est celle qui est privée de vie intellectuelle. Une civilisation pourrie est celle qui présente une décomposition des esprits et des formes sociales. Une civilisation sépulcrale est celle qui se couvre de la poussière, des ruines du passé, du silence des tombeaux. Une civilisation qui ressemble aux fantômes est celle qui se mire dans un vain simulacre de vérité, mais qui ne possède aucune réalité morale et intellectuelle. Une civilisation animalisée est celle qui voit régner les instincts physiques exclusivement. Une civilisation sceptique est celle qui a perdu la foi, l'espérance, l'élan, la puissance, la certitude. L'aspect de la mort fait tressaillir les civilisations immorales et jette du sombre sur la pensée. Une civilisation pétrifiée est celle qui a été découronnée, qui a perdu son idéal. Un idéal, un type, c'est tout. L'œuvre qui y correspond est beaucoup aussi. Copiez Michel-Ange, Raphaël, Rubens, vous ferez des tableaux qui ne ressembleront pas à l'enfance de l'art.

De nos jours, on parle souvent de décadence, de réhabilitation. Cette disposition des esprits nous excite à faire valoir la théorie de Moïse à cet égard.

De la philosophie de l'histoire présentée par Moïse.

DÉCADENCE MORALE ET RELIGIEUSE. — RÉHABILITATION MORALE ET RELIGIEUSE DE L'HUMANITÉ PRIMITIVE.

Ce qui fait la grandeur et l'originalité de Moïse, ce n'est point parce qu'il a défendu de tuer, de voler, d'envier le bœuf, l'âne ou la femme de son voisin; ce n'est pas parce qu'il a commandé d'honorer ses père et mère; ces vérités étaient vivantes avant lui dans la conscience humaine. Ce qui caractérise sa supériorité, c'est : 1° son théisme; 2° sa valeur traditionnelle; 3° sa morale; 4° sa politique appliquée à un peuple prédestiné; 5° sa philosophie de l'histoire.

Théiste. Pour exercer toute autorité aux yeux de son peuple et des générations, vous le voyez prendre l'attitude la plus élevée pour un homme, se revêtir d'un grand prestige moral, attribuer sa vie au miracle, s'environner de l'éclat de la foudre et des éclairs et dire : « Voici les commandements écrits sur le mont Sinaï, sous la dictée de l'inspiration divine. » Où avait-il appris à écrire?

« Vous n'adorerez qu'un seul Dieu. Vous ne prendrez pas son nom en vain. Vous célébrerez son culte. Que toutes les idoles disparaissent. » Pour Moïse, héritier des saines traditions, Dieu est éternel, nécessaire, unique; c'est le créateur tout puissant du monde physique et de l'humanité, la Providence des nations, le sanctionnateur des pensées et des œuvres de l'homme. Il ne considère pas Dieu comme un être abstrait, relégué loin du monde; il parle à l'humanité par la voix des hommes inspirés, des patriarches, des prophètes, qui sont les interprètes de sa sagesse, de sa justice, de sa volonté, et cette parole intermédiaire remplit les pages de la Bible.

Ce théisme, il le pose en face des idoles du paganisme, qu'il foudroie. Il veut que le peuple juif en soit le gardien, et, de plus, pour se conformer à l'attente des nations, il lui confère un caractère messiannique; il le façonne pour le rôle que la Providence lui a assigné.

Vous ne trouvez pas dans Moïse toutes ces légions d'anges, d'archanges, de démons, de bons et de mauvais génies, qui ont formé une partie du paganisme et qui ont fourmillé dans les religions orientales. La notion de la trinité n'a pas été accentuée par lui.

Législateur civil. Il vous saisit d'admiration avec sa législation civile et criminelle, avec ses règlements s'appliquant au culte, aux fêtes de la Pâque, de la Pentecôte, des Tabernacles. Il désire que la nationalité juive, trempée dans le principe divin, entrelacée de liens religieux, civils et traditionnels, gonflée d'une haute espérance, ne puisse jamais périr. Il a réussi.

Moraliste. Il prend son point de départ en Dieu; la loi a son origine en lui, sa sanction suprême réside en lui; elle doit être suivie parce que c'est la loi, parce que c'est la volonté de Dieu; c'est à ce titre qu'elle est obligatoire. *A priori*, ce n'est point dans l'intérêt des sens ou des récompenses matérielles que l'homme doit être moral. Et en face d'une population sensuelle, intéressée, il ne craint pas de défendre l'œuvre de chair en dehors du mariage, la luxure, de condamner le faux témoignage.

Il ne fait pas graviter les âmes vers Dieu ou vers l'humanité en vertu des sentiments du cœur. Son idéal, à lui, c'est Jéhovah, c'est la loi. Peut-on aimer d'amour un être abstrait?

Il est homme, il le sait, il ne dit pas qu'il vient ôter le péché du monde : il abandonne l'âme aux expiations.

Réformateur social. Il a rencontré le mariage avec la pluralité des femmes; il a vu l'esclavage; il n'a pas touché à ces deux faits. Leurs futures transformations appartiendront au christianisme. Au point de vue social, il n'a aucun idéal pour envisager l'homme, la femme, la société.

Politique. Pendant quarante ans, il soutient le courage des Israëlites captifs; il fait des prodiges pour les délivrer de la servitude et les nourrir dans le désert. Il leur montre la terre promise. Arrivé sur les confins de la patrie, la mort le surprend. Moïse a été la promesse, le Christ sera la réalité. C'est en passant par la souffrance que les peuples grandissent en caractère et se réhabilitent.

Traditionnaliste. Moïse est surtout grand lorsqu'on le considère comme traditionnaliste : il se transfigure avec l'humanité primitive, à plus de deux mille cinq cents ans de distance, par voie de tradition, d'intuition, d'inspiration, et, sans posséder ses annales, en vertu de l'écriture, il nous raconte son histoire. Il nous montre sa naissance, ses premières manifestations. Plus tard, il nous révèle l'apparition des arts, de l'industrie, de l'agriculture. Il nous signale les révolutions sociales qui éclatèrent entre les classes industrielles et les classes agricoles pieuses (caïnistes, abélistes); il parcourt à grands pas l'ère immobile des patriarches. A six, sept, huit générations, il donne un nom; il nous fait assister à la dispersion des peuples, aux scènes diluviales, à la régénération de l'humanité. Si l'humanité n'a pas été créée une et multiple, si l'on prend le texte à la lettre, si Abel et Caïn sont les deux premiers nés d'Adam et d'Eve, si ce ne sont que deux individus, où donc ont-ils trouvé des femmes pour leur union conjugale?

Philosophe. Il nous enseigne, dans les premiers versets de la Genèse, les principales causes qui ont déterminé et qui déterminent la décadence ou la réhabilitation des nations, de l'humanité. Il place ces idées dans la bouche d'Adam et d'Eve. Comment a-t-il présenté la philosophie de l'histoire?

Si l'on prend le texte biblique à la lettre, on conviendra qu'il est très-humiliant pour le bon sens de faire causer de la sorte le serpent, Dieu, le diable, Adam et Eve dans leur nudité. Au surplus, personne n'était là pour les entendre. Quel rôle fait-on jouer à Dieu dans la circonstance? Un rôle vulgaire, inutile. Encore un peu, on n'aurait pas craint de l'ériger en nourrice, en tailleur, en pédagogue.

On conviendra également qu'il est difficile de comprendre cet enfantillage, à savoir : que la femme ait sollicité son époux à manger une pomme à laquelle Dieu avait défendu de toucher et que, l'ayant matériellement absorbée, il en est résulté que l'homme et la femme ont été déclarés coupables, chassés de l'Eden, et que toutes les générations à venir se sont trouvées imbues de leur péché.

Est-ce cela que Moïse a voulu nous apprendre? Pas le moins du monde. Sachons donc dégager la pensée de la forme.

Il est évident que Moïse a symbolisé l'humanité dans Adam et Eve ; et voyons les pensées exprimées dans la Genèse sous forme de dialogue par des êtres imaginaires.

L'esprit humain, de même que Moïse, conçoit très-bien que l'homme et la femme ont été créés, qu'ils n'ont pas été produits par les autres règnes de la nature, et qu'un ordre divin, pur, a dû régner, après la création, entre les trois réalités : Dieu, le monde physique et l'humanité. Comment ont-ils été créés? Dieu seul le sait. L'homme a été créé, la femme a été créée ; elle est une partie de l'homme, son complément, une forme, un objet individualisé détaché de son rêve, qu'il a contemplé dès son réveil. Ils ne feront qu'un. Les mots côte, sommeil ont été employés dans un sens figuré.

Les êtres qui appartenaient à cette première date avaient été créés avec la plénitude de leurs facultés physiques et spirituelles. Ils pensaient, ils parlaient, ils avaient des croyances vraies, ils se multipliaient. Ils eurent la faculté de nommer.

Cette situation constitue historiquement une première période humanitaire bien caractérisée dans la Genèse.

Mais nous touchons à une deuxième période ; car l'humanité a brisé cet ordre de choses. Pourquoi? En vertu de quels motifs? Et comment est-elle représentée à nos yeux dans cette phase nouvelle? Pénétrons-nous bien du sens des Ecritures.

Il est évident que l'arbre qui porte le bon et le mauvais fruit, celui qui donne la vie et celui qui communique la mort, représente, dans l'ordre idéal, la notion du bien et du mal, du vrai et du faux, et les conséquences de son application.

On dit : Hardi comme un lion, rampant comme un reptile. Le serpent indique donc, de son côté, ce qui est bas, vil, rampant, terre à terre. Or, la femme a *écouté la voix* du serpent : cela signifie qu'elle s'est abaissée, qu'elle a perdu sa grandeur morale, sa dignité, sa destinée, qu'elle est devenue perverse en religion, en morale.

Dans cette disposition d'esprit, elle a attaqué et subjugué l'homme. L'homme a *écouté la voix* de la femme, c'est-à-dire de la faiblesse, du plaisir matériel, de la mollesse ; donc il s'est abaissé ; il a dérogé aux lois providentielles, aux principes de sa destinée sociale et céleste. Donc l'un et l'autre se sont placés en dehors du plan de la création morale.

Puisque l'humanité primitive a voulu savourer les plaisirs de la vie matérielle, s'affranchir des lois divines et se diviniser elle-même ; puisqu'elle a préféré *vivre éternellement* sur la terre plutôt que de jouir de la vie immortelle en Dieu, il est évident que dans cet état Moïse nous la montre tombée dans le matérialisme, dans le panthéisme. Ceci est vrai ou la Bible n'a pas de sens. L'athéisme est impossible.

L'interprétation que l'on a donnée et que l'on donne du texte hébraïque paraît erronée et dérisoire. Les premiers êtres de l'humanité furent créés à l'état de pureté, d'innocence, de grâce, cela est vrai et se conçoit : l'ordre divin fut sans tache ; mais c'est par erreur que l'on a prétendu que l'homme et la femme des premiers jours (c'est-à-dire l'humanité), avaient été créés pour vivre éternellement sur la terre ; qu'ils possédaient toute la science, que la femme devait enfanter sans douleur, qu'ils étaient exempts de maladies, qu'ils devaient vivre et récolter les richesses sans peine, qu'ils devaient s'élever à Dieu avec leurs corps sans passer par l'épreuve de la souffrance et de la mort. C'est précisément parce que les êtres de cette époque voulurent s'affranchir des conditions imposées à l'humanité pour effectuer ses développements, parce qu'ils y substituèrent ce faux rêve doré, qu'ils se virent déchus, chassés de l'Éden. Le Paradis terrestre signifie le plan idéal de la création morale. Ceci est écrit tout au long dans le texte.

Par conséquent, Moïse signale dans l'humanité primitive : 1° une décadence religieuse ; 2° une décadence morale ; 3° une décadence matérielle.

La *décadence religieuse* est marquée lorsqu'il nous raconte que l'homme et la femme de ces temps-là, c'est-à-dire l'humanité, rejetèrent Dieu, voulurent vivre éternellement sur la terre, se posèrent les égaux de la divinité, prétendirent qu'ils possédaient Dieu intégralement et qu'ils n'avaient pas besoin de sa Providence et de ses lois.

La *décadence morale* est signalée lorsque Moïse nous montre la femme abaissée au niveau du serpent, devenue perverse en morale et en religion, faisant du monde sensible son rêve, et l'homme, subjugué par la femme, devenu faible, esclave de la sensualité, et tous deux roulant honteusement dans la bassesse, sans idéal, en savourant la vie matérielle, le fruit défendu, l'illusion des sens.

La *décadence matérielle* est indiquée lorsque Moïse nous dit que les êtres de cette époque rougirent de leur nudité et voulurent cacher leur honte. Il ne s'agit pas ici d'un simple sentiment de pudeur et de honte se manifestant après une faute commise. Ceux qui étaient déchus en religion, en morale, en industrie, se virent dépouillés des richesses matérielles, intellectuelles, morales, des biens spirituels, des formes de la civilisation, et ils en éprouvèrent un remords, une honte, une tristesse.

Philosophiquement parlant, à quoi attribuer ces trois décadences ? La décadence religieuse, il faut l'attribuer à l'erreur, l'esprit humain est faillible, à la curiosité, à l'orgueil, à la *divinisation* de la création par la créature, à un mouvement d'indépendance et de personnalité.

La décadence morale, il faut l'attribuer à la prépondérance donnée à la sensibilité, à la fragilité morale, au relâchement produit par la rupture du lien religieux.

La décadence matérielle, il faut l'attribuer aux plaisirs, au défaut de travail spirituel, à la paresse, à la mollesse qui recule devant la peine, à l'oisiveté, mère de tous les vices.

Quoi qu'il en soit, il était impossible à l'humanité de produire tous ses développements sans faillir.

L'humanité ainsi déchue restera-t-elle dans cet état? Moïse nous la dépeint avec un désir et un espoir de réhabilitation. Sa conscience lui dit qu'elle est impuissante et elle invoque Dieu. Sa conscience lui dit que les temps de réhabilitation seront longs, pénibles, et elle espère que la femme (l'humanité) enfantera un homme qui écrasera la tête du serpent, qui sera réhabilité au-dessus de la bassesse. Or, c'est homme, c'est un ensemble de générations progressives; cet homme, c'est un type de forces intellectuelles et morales; cet homme, c'est un produit de la Providence.

Mais à quelles conditions la réhabilitation s'opérera-t-elle? En revenant aux vérités religieuses, au culte de Dieu, en acceptant la loi morale, en se soumettant aux conditions providentielles imposées à l'humanité pour s'élever, pour accomplir ses progrès : la femme en enfantant avec douleur, l'homme et la femme en travaillant avec peine, en mangeant leur pain à la sueur de leur front, les corps en subissant les maladies, les souffrances, la mort physique. Le rêve avait produit la décadence; la réalité sauvera, déterminera la réhabilitation. Et en effet, dans le texte biblique, vous voyez l'humanité primitive se réhabiliter en suivant ces principes vrais et rentrer en grâce avec l'auteur des lois de la création.

Si Moïse ne parle pas de la perte des beaux arts et des sciences au moment de la décadence primitive, c'est qu'ils n'existaient pas encore.

D'autres erreurs ont été commises à l'égard des conséquences de la chute primitive de l'humanité. Ces conséquences ont été tellement exagérées par l'imagination qu'elles sont devenues un dogme terrible, un dogme de sang, de réprobation, de mépris. Et il est à remarquer que le Christ n'en parle pas. On a tout attribué à la dérogation primitive : les maladies, les immoralités, les dérangements de facultés, les crimes, les idolâtries, les révolutions ; l'humanité a été considérée comme irrévocablement incapable, pervertie, corrompue jusqu'à la moelle des os, jusqu'au fond de l'âme. Ainsi qu'il a été dit : La pomme a bon dos. Il n'y a donc pas eu assez d'expiations, de sang, de larmes, de ruines pour racheter sa dérogation et son abaissement. C'est de là, a-t-on dit, que sont venues et que viennent les ignorances, les concupiscences, les misères de la vie, la nécessité de travailler, de souffrir et de mourir. L'exagération contient l'erreur. Examinons.

Il est certain que le péché d'origine est moindre que le péché actuel et mortel ; il est non moins certain que l'humanité primitive n'a pu commettre rien de plus qu'un péché mortel.

Or, tous ceux qui se rendent coupables du péché mortel ont-ils donc tant de conséquences fatales à supporter sur la terre? La théologie dit qu'ils ont perdu la grâce et mérité un châtiment éternel.

L'exagération donnée aux effets de la décadence primitive provient d'un défaut d'observation. D'abord on n'a pas remarqué que la chute se reproduisait par les écarts des facultés humaines; secondement, on n'a pas tenu compte des conditions imposées à l'humanité dans l'intérêt de ses développements. Au contraire, on a envisagé l'humanité comme devant vivre éternellement sur la terre, selon le faux rêve de l'Eden, lequel a fait tout son malheur et a produit sa déchéance.

Mais, dit-on, avec votre explication, que devient le péché d'origine? Il subsiste, il est mathématique.

En effet, pécher c'est transgresser une loi de Dieu, une loi obligatoire, impersonnelle. Et la conséquence de la transgression consiste à placer l'âme dans des rapports anormaux vis-à-vis de Dieu. Dieu reste immuable. Et ces rapports devenus anormaux engendrent des peines, des châtiments, des désordres. Il en résulte pour l'âme la privation d'un bien et une détérioration, un amoindrissement de sa nature. Or, l'homme est impuissant par lui-même à refaire les rapports normaux, à modifier ceux qui ont été faussés; car, autrement, on lui reconnaîtrait le pouvoir de faire l'œuvre de Dieu. Donc, être conçu et naître dans la situation anormale résultant de la dérogation primitive, c'est être dans le péché d'origine, c'est rester privé d'un bien spirituel, frappé d'une peine et posséder une âme détériorée. Et sur ce point on s'est encore trompé, car tout le sang humain n'effacerait pas le péché d'origine. Le péché originel ne consiste pas dans une punition infligée par Dieu aux générations innocentes nées depuis le mal accompli; il ne consiste pas dans une tache physique imprimée sur l'âme, dans un moins-être virtuel, dans un défaut d'équilibre entre le moral et le physique, dans un objet matériel ou spirituel transmis par les pères et les mères; il remonte plus haut: on ne peut l'attribuer qu'à un dérangement du plan divin, à des rapports devenus faux, à une position prise par un nouveau venu dans un édifice endommagé. L'âme humaine a été considérée comme le temple habité par Dieu. Nous ne parlerons ici ni des conséquences du péché d'origine ni des moyens intervenus pour l'effacer.

En résumé, ces grandes idées de Moïse nous montrent l'humanité passant d'un ordre pur à un ordre impur, privatif, amoindri, châtié. Ces grandes idées sont quelque chose de plus que la pomme mangée par un innocent mal conseillé; quelque chose de plus que le bavardage de la femme, du diable et du serpent; quelque chose de plus que le langage vulgaire, inutile, familier, que l'on prête à la divinité. Pour Moïse aussi, les six jours de la création représentent des périodes de temps indéterminées. Quelqu'un d'ici, puisque personne n'existait, aurait-il pu voir la formation du monde physique?

Des six concepts qui ont transformé et transformeront l'Homme et la Société.

On en est stupéfait; il existe vraiment des hommes qui voudraient faire la société en dépouillant les êtres de leur caractère religieux, moral et social. Ne serait-elle pas réduite à un mécanisme stupide, à un jeu des forces physiques et industrielles?

C'est en attribuant à toute femme son véritable caractère religieux, moral et social que le Christ a voulu l'élever, la dignifier, l'affranchir, la rendre libre, inviolable, digne de sa haute fonction; la placer au-dessus des vestales, des matrones, à plus forte raison au-dessus des courtisanes et des esclaves de l'antiquité, et, par le fait, transformer la société.

C'est en attribuant à tout homme son véritable caractère religieux, moral et social que le Christ a voulu l'élever, l'affranchir, le rendre libre, inviolable; le placer au-dessus des grands capitaines, des savants, des poëtes, des peintres et des littérateurs, et, par le fait, transformer la société.

On conçoit que ce n'est pas avec l'intellect un peu plus élevé de quelques célébrités que l'humanité pourrait répondre, satisfaire à ses destinées religieuses, morales et sociales. Sans doute, les beaux arts, les littératures, les sciences, les arts mécaniques, les affaires politiques et administratives, les questions économiques ont leur indépendance; ils se présentent comme des faits distincts, dont on peut s'occuper séparément. Mais n'ont-ils pas de puissants rapports avec l'ordre religieux, moral et social? Et pourquoi ces trois mondes n'exciteraient-ils pas autant de culture, d'attention, d'étude que la plante dont vous étudiez les conditions de végétation, la forme, les propriétés, les modes de nutrition et de reproduction?

Les lois astronomiques démontrées par Kepler, Copernic, Newton, l'invention de l'écriture alphabétique, de la poudre, de l'imprimerie, de la circulation du sang, de la vapeur appliquée, de la télégraphie électrique, constituent de grandes découvertes. L'esprit humain les considère maintenant comme des choses simples. Il envisage de même les grandes vérités apportées par le Christ sur la terre.

Rassemblez toutes les religions; avec leurs matériaux combinés, vous n'en formerez pas le christianisme. On s'est trompé à cet égard, parce qu'en les dépouillant, on a trouvé l'idée de la création en plusieurs périodes, la croyance à l'immortalité de l'âme, aux peines et aux récompenses, au paradis et à l'enfer; l'idée d'un sauveur désiré par les nations, la nécessité des expiations, des purifications; la croyance à l'incarnation de la divinité, la notion du bien et du mal. Toutes ces idées, qui ont pour origine l'esprit humain, peuvent bien ne pas contredire le christianisme, mais ne le constituent pas en réalité et dans ses institutions et dans les vérités nouvelles qu'il a exprimées.

Premier concept. — Avant le Christ, l'esprit humain ne possédait ni la notion abstraite d'une société universelle, ni le moyen de l'établir. Les peuples, parqués dans des cercles étroits, se considéraient comme ennemis, comme inférieurs ou supérieurs; la religion, la race, le défaut de communications entretenaient leur division. Pour la faire cesser, le Christ s'est placé plus haut : il a envisagé la société au point de vue universel; toutes les nations ont été appelées à en faire partie.

Mais, pour constituer cette société, il faut un moyen, un point de ralliement qui ne dépendent pas de l'homme, des volontés individuelles. Ce médiateur, ce sera lui-même, la divinité incarnée; lui avec ses institutions, ses vérités, lui toujours présent; lui avec son sacerdoce, auquel il conflera sa toute puissance, son infaillibilité. L'infaillibilité et la puissance de l'Eglise pour absoudre résident en Dieu, et, par délégation, assistance actuelle, dans l'église consacrée.

Deuxième concept. — Le deuxième concept s'applique à la femme. Où était la femme au point de vue religieux, moral et social avant le

Christ? On ne la connaissait pas. Pour la faire connaître, le christianisme a apporté une doctrine, une fonction pour elle et un type. Ce type c'est la *Vierge*. Le type est de toute pureté, puisque la Vierge est immaculée. Pendant son jeune âge, elle est consacrée au travail et au culte du Seigneur. Après avoir grandi dans la chasteté et la piété, elle apprend que le ciel veut la rendre mère; elle accepte sa vocation avec dignité; et son fils sera le Messie; et cette idée l'élève au-dessus de tout et ne l'abandonne jamais. Elle présente avec certitude le Messie à ceux qui viennent l'encenser; elle le dérobe aux persécutions; plus tard, elle le conduit au temple et en fait hommage à Dieu. Pendant sa vie laborieuse, elle ne le quitte pas. Elle le suit avec foi et admiration lorsque sa mission divine éclate. Le supplice du crucifié lui arrache des larmes; le sentiment du mystère qui s'accomplit rehausse sa douleur. Elle retrouve son allégresse morale en voyant la résurrection et l'ascension de son fils. Sa vieillesse est récompensée par le triomphe du christianisme annoncé par le prosélytisme et l'écroulement du vieux monde. Voilà le type régénérateur de la femme. Si Dieu a pris la forme d'un homme, c'est le sein d'une femme qui l'a porté et nourri. Donc la femme est égale à l'homme par ses attributs.

C'est de la bouche de la Vierge immaculée, consciente de sa mission, placée par ses attributs au-dessus de toutes les femmes, que des apôtres, des disciples purent apprendre tous les faits, tous les détails qui précédèrent la mission publique du Christ.

La conception divine, les couches à Bethléem, l'adoration des bergers et des mages, le massacre des innocents, la fuite en Egypte, la présentation au temple, la vie privée de Jésus ont dû faire bien souvent l'objet des récits de celle qui avait pris part aux événements et qui leur survécut pendant de longues années pour les raconter. Cela se conçoit; pouvait-on s'occuper de plus grandes choses? Un dieu transformateur des âmes et de l'humanité n'était-il pas digne d'attention, de foi, de curiosité et de répulsion de la part du vieux monde?

Le *troisième concept* s'applique à l'homme religieux, considéré dans ses rapports avec la divinité. Des formes finies ne peuvent pas limiter l'infini. Dieu s'incarnant dans l'humanité, et l'humanité entrant directement en relation avec lui, pouvait-on porter plus haut la dignité humaine et l'élévation de toutes les facultés?

Le Christ est le type, le modèle. Mais comment fera-t-il pour former l'homme selon lui? Il élève sa pensée vers l'Eternel, le Tout-Puissant, le principe générateur de tout. Il faut l'adorer en esprit et en vérité. Toutes les religions ont un caractère idéologique, symbolique. Dans le christianisme, Dieu est une substance qui se communique, qui ôte le péché de la conscience, ramène l'humanité viciée à la pureté de l'enfance; il fortifie les faiblesses de l'âme par des grâces illimitées qui découlent des institutions fondées formellement, divinement par lui, sous des signes sensibles. Dieu est un principe de vie; le ciel, c'est lui. Sa réalité remplira l'âme de vérités, d'amour. La damnation éternelle sera une douleur morale plus cruelle que les souffrances du corps. Il faut que l'âme s'identifie au Christ; c'est lui qui est son médiateur. Il rattache la foi en lui par des dogmes qui ne seront évidents qu'après la mort. Il frappe l'imagination et la raison par des faits surnaturels.

L'homme doit beaucoup prier. Son devoir est de faire hommage à Dieu de ses souffrances, de ses misères; il en sera récompensé. L'homme ne doit pas se contenter d'adorer Dieu; en l'aimant, il s'élèvera plus encore. C'est par des incarnations fécondes que le Christ régénère, divinise l'âme, la prépare à la possession de l'infini. Par le Christ, l'esprit se sent constamment en rapport non-seulement avec l'idée, mais encore avec la substance de Dieu. Que l'homme fasse comme le Christ : qu'il passe par tous les sacrifices pour faire la volonté de celui qui est aux cieux, et son ascension sera glorieuse.

Le *quatrième concept* s'applique à l'homme considéré comme être moral. Le paganisme n'a jamais connu le type moral. Le Christ en est le type. Mais comment formera-t-il l'homme selon lui? Après l'avoir préparé, épuré avec la religion, il élève son esprit vers le type absolu des perfections en lui disant : « Soyez parfait comme mon père céleste est parfait. » Il ne suffit pas, ainsi que Moïse vous l'a défendu, de ne pas faire le mal, mais encore il faut pratiquer le bien. Dieu vous récompensera. Les sentiments du cœur, la charité doivent produire des effets méritoires dans vos rapports avec vos semblables. Vous vous devez respect, aide et assistance. L'homme moral est dépeint dans l'Evangile. Semblable à un sculpteur qui, avec un marbre brut, crée une statue, le Christ prend l'homme avec ses imperfections, les corrige et crée son œuvre. Prenez l'être moral façonné par le Dieu fait homme : vous le voyez chaste, grave, doué d'un caractère inébranlable, d'une volonté ferme; sa bouche ne s'ouvre que pour dire la vérité; il est laborieux, indulgent pour les défauts d'autrui, confiant et patient dans la douleur, humble, respectueux pour le jeune âge, sympathique pour l'humanité, dévoué pour la société. Le Christ fait rentrer l'homme en lui-même et place sa conscience sous l'action de Dieu. Il veut qu'il sente tout le prix de sa liberté et de sa responsabilité. Il n'en fait pas l'esclave du destin ou de la prédestination ou des sens. La loi morale, c'est Dieu qui l'a donnée à l'homme pour réaliser ses destinées; les douleurs et les injustices subies lui seront comptées pour des mérites.

Tout, dans le Christ, est absolu. Il est d'un radicalisme pur lorsqu'il s'agit de réformes morales. Aussi dit-il : « Si votre œil vous scandalise, arrachez-le; si votre main vous scandalise, coupez-la. » La pensée est exprimée en style figuré. Cela signifie au fond : Détruisez le mal à sa racine.

Le Christ a placé sur la terre le type absolu du dévouement aux intérêts impersonnels de l'humanité. Le dévouement et le christianisme sont donc posés, en principe, comme des moyens de régénérer le genre humain. Mais il fallait un dieu pour opérer ce miracle.

Dans le but d'affranchir le monde social et de sauver les âmes des châtiments éternels, il se livre à l'ignominie et à la mort sur la croix, lui qui avait été si miraculeux, si puissant sur la terre, et dont la volonté aurait pu briser gibet et bourreaux.

Puis, du sépulcre, où la déchéance du vieux monde l'avait fait descendre, il sort victorieux, en vertu de sa puissance absolue, et il brille d'une vie nouvelle. Il nous montre l'humanité transformée s'élevant vers les gloires de l'immortalité; et il a dit au vieux monde : « Tout est consommé. » Et il a dit : « L'esprit nouveau, de force, de vérité, de justice, illuminera les nations et fera crouler le paganisme. » Ce type de dévouement est plus qu'humain.

Nous le demandons franchement, au point de vue social et politique, pourquoi la démocratie se séparerait-elle du christianisme? Où trouverait-elle des principes plus conformes à ses droits, à ses destinées et au gouvernement républicain des sociétés?

Le matérialisme a des praticants dans toutes les classes. La démocratie est chrétienne dans l'âme. Mais l'époque de la foi spontanée, de l'affirmation pure n'est plus. Elle désirerait qu'on lui donnât de fortes raisons d'être. En général, la bourgeoisie, vis-à-vis du christianisme, affecte le rire moqueur de Voltaire, une indifférence profonde. A ses yeux, la religion convient aux femmes, aux enfants; c'est un frein pour les masses. Comme c'est beau et politique, une société sans croyances religieuses! Il en résulte des versatilités, des âpretés de gain, des faiblesses de caractère. L'aristocratie a pris le masque religieux pour dominer la bourgeoisie, repousser la démagogie athée, pour se servir du clergé et paraître supérieure aux yeux des croyants. Si donc la démocratie, se détachant de la royauté flanquée de l'aristocratie, associait dans sa pensée le christianisme et la République, elle dominerait de son haut sur la démagogie athée, la bourgeoisie sceptique et l'aristocratie diplomatique en matière de religion.

Le *cinquième concept* s'applique à l'être social. Le Christ en est le révélateur et le type.

L'être social, tel qu'il doit exister, tel qu'il a été conçu par l'Evangile, représente un droit humain, inviolable, égalitaire, attaché à la personnalité intelligente, raisonnable, libre, créé par Dieu pour accomplir une mission sociale. Il représente une fonction sacrée.

Le Christ n'a-t-il pas été charpentier pour faire consacrer l'inviolabilité du travail, du droit? Il a fait surgir l'être social des bas-fonds, des couches infimes où l'avaient relégué les religions, les philosophies, les castes, la force, les préjugés. Cet être appelé *homme*, investi du droit humain, était inconnu de l'antiquité. Le législateur divin a donc dit : « Reprenez vos droits; Dieu est votre créateur, votre principe de vie, votre père, votre rédempteur à tous, enfants déchus; asseyez-vous avec des prérogatives égales au banquet de la vie religieuse et civile; soyez unis par le lien spirituel et le lien matériel; communiez en esprit et sous la forme sensible. N'avez-vous pas la même origine, les mêmes facultés, la même destinée? Que le premier d'entre vous soit le serviteur de tous. Obéissez à l'autorité légitime, au pouvoir social. Rendez à César ce qui appartient à César. » La plus grande des révolutions sociales a été accomplie par cette révélation associée à la religion. Sans l'intervention de l'Homme-Dieu, aurait-elle été opérée et aurait-elle pu réussir? Le Christ a proposé l'affranchissement du monde avec la puissance de la religion vraie, de la morale, du droit social, de l'industrie et des lumières appliquées.

Donc le christianisme aboutit à faire l'homme complet. C'est pourquoi il le traite, il l'instruit, il le forme au point de vue religieux, moral et social.

Le *sixième concept*, également révélé, s'applique à l'humanité. Comment a-t-elle été conçue par le Christ?

Il se transfigure avec toutes les générations de la terre. Aux yeux de Dieu, elles ne font qu'un. Les âmes immortelles des morts et les âmes vivantes sur la terre ont des rapports entre elles. (Communion des saints.)

La rédemption s'applique à tous les âges (descente aux enfers). Pour Moïse, l'humanité est un composé de générations successives allant du bien au mal, du mal au bien. Aux yeux du Christ, la création morale est une, indivisible ; il s'en détache des branches mortes, pourries, éternellement condamnées. Et cette humanité, le Christ veut la racheter, corriger ses défauts, la sanctifier ; il veut l'assimiler, s'en revêtir, la diviniser avec des vérités, des sentiments purs, des incarnations substantielles, des grâces illimitées, modifiant l'âme. Il y a bien de la distance entre cette notion de l'humanité gravitant vers Dieu en vertu de la loi et de la personnalité du Christ, et la notion s'appliquant à l'homme considéré comme un être physique, isolé, comme un grain de sable.

Ce sont ces six concepts qui ont transformé l'esprit et *civilisé* l'Europe.

Le mot civilisation implique le régne de la justice et du vrai. Comparez la charité chrétienne avec l'hospitalité musulmane : le mahométisme anéantit la liberté ; c'est le destin antique qui décide de tout ; la propagande se fait avec le yatagan. Le christianisme s'avance avec le martyr et l'idée. Avec le Coran, le culte se passe en continuelles prières, et il ne contient pas le moyen d'unir l'âme à Dieu. L'homme vaut dix, douze, trente femmes esclaves. La femme voile sa dignité perdue, mais elle tient l'homme esclave de la sensibilité. Les sentiments, l'estime morale, rien n'existe entre eux.

Le parallèle entre Moïse et le Christ est facile à établir. Moïse fut peccable et lié par le mariage ; le Christ, impeccable et indépendant de tout lien conjugal.

Moïse est un homme ; le Christ est un Dieu fait homme. « Je suis Dieu, et je le prouve. »

Moïse est une date ; le Christ, un être prédit de tout temps.

Moïse distribue la manne dans le désert ; le Christ donne la substance de la vie spirituelle et de l'immortalité.

Moise est le constructeur d'une nationalité ; le Christ est l'architecte du temple qui doit contenir la société universelle.

Moïse s'est fait l'interprète de la sagesse humaine, de la volonté de Dieu, dont il était inspiré ; le Christ a parlé comme Dieu pour exprimer des vérités divines que l'esprit humain n'aurait pu inventer ; le dogme de la trinité est de ce nombre.

Moïse défend le mal ; le Christ ôte le péché, régénère, divinise.

L'enfer du juif est une douleur physique ; l'enfer du Christ est une douleur de l'âme. Résulte-t-il d'une privation, d'une vue, d'un remords? Il n'est pas dit. L'un et l'autre sont éternels ; donc l'âme est reconnue immortelle.

Moïse maintient l'ancien ordre social ; le Christ le transforme avec les trois concepts : religieux, moral et social.

Moïse établit un culte symbolique ; le Christ se fait la substance, l'idée du nouveau culte.

Moïse a créé des législations; il s'est posé comme le conducteur d'un peuple; le Christ, en parlant, a posé des principes, des vérités absolues; il s'est adressé à l'humanité entière.

Dans Moïse, l'immortalité de l'âme n'est pas dégagée de la forme sensible; le Christ parle de l'âme séparée de la matière, unie à Dieu, de son immortalité, bien qu'il ne donne pas comme un philosophe les dix-huit preuves de l'immortalité de l'âme.

Le ciel de Moïse est obscur; le ciel du Christ est étincelant de vérités.

Le Dieu de Moïse est un objectif immuable; le Dieu du Christ est un objectif attrayant qui s'incline vers l'humanité.

Moïse agit comme homme; le Christ s'avance avec des faits, des prophéties, des dogmes, des révélations qui font éclater sa puissance absolue, c'est-à-dire sa divinité.

L'individu est la pierre de l'édifice, la base.

Sur les sujets les plus simples, on trouve des idées mal faites. Elles méritent d'être corrigées.

Nous rencontrons l'individu dans une première sphère, avec les droits et les devoirs de la vie privée; dans une deuxième sphère, avec les droits et les devoirs de la vie professionnelle; dans une troisième sphère, avec les droits et les devoirs de la vie publique. Mais l'unité élémentaire, la base de tout, c'est l'individu. Cet individu est destiné à croître, à grandir, comme un arbre. Sa croissance physique est indépendante de sa volonté; mais sa croissance morale, intellectuelle, sociale, est subordonnée à des conditions qui lui imposent des devoirs. Si l'individu n'avait point de devoirs à remplir, on ne comprendrait pas la raison d'être de ses droits.

On s'est étrangement trompé en voulant le faire absorber par la commune, l'Eglise ou l'Etat. La *commune*, l'*Eglise*, l'*Etat* ne sont que des *fonctions publiques organisées* dans l'intérêt de sa destinée.

C'est dans son intérêt personnel que l'individu s'acquitte du service militaire. Ne faut-il pas se garantir contre les attaques du dehors?

C'est dans son intérêt personnel qu'il doit s'instruire, pratiquer la religion, travailler, payer l'impôt à la commune et à l'Etat pour en retirer certains avantages; nommer les mandataires chargés de la gestion des affaires publiques, soigner son corps, vivre en société, car sans elle, de qui recevrait-il l'art, le langage, la science, la religion, la propriété, l'industrie?

Par l'accomplissement de ces différents devoirs, l'individu ne diminue pas la valeur de sa personnalité; au contraire, il la développe. Donc, on a eu tort de dire que la société lui imposait des sacrifices, qu'il fallait lui abandonner une partie de sa liberté pour conserver l'autre.

La réalisation des devoirs énumérés ne peut s'effectuer que dans le sein de la société qui en profite de son côté; car il est bien évident que si la conséquence des devoirs accomplis est profitable à chaque individu, elle doit l'être aussi pour la société qui se compose d'individus semblables. Donc, le progrès social a son point de départ dans l'individu;

mais la société agit sur l'individu pour déterminer son élévation; entre eux, il y a donc une action réciproque.

Que l'idée républicaine soit sortie de la raison, de la philosophie ou de l'Evangile, elle existe; elle a eu ses apôtres, elle a fait ses progrès, elle a cherché sa forme. Et il faut bien le reconnaître, la République a des titres de gloire devant lesquels tout s'efface. C'est elle, elle seule, qui a pu proclamer et faire réussir l'égalité civile et l'égalité politique en France; c'est elle qui, par conséquent, a déterminé l'affranchissement de la société.

Avons-nous donc besoin des fausses idées, des passions, des coteries des partis dynastiques pour faire fonctionner nos locomotives, nos charrues, nos ateliers, notre armée, nos libertés, nos institutions sociales, notre pouvoir législatif, exécutif, administratif et judiciaire?

De la Monarchie et de la République comparées.

Il suffit d'établir franchement le parallèle entre la Monarchie et la République pour déterminer l'assentiment de la raison générale.

Avec la Monarchie, vous avez à subir 40 millions de liste civile, les vieillesses, les minorités, les régences, les corruptions de cour, l'intrigue et la domination d'une camarilla. Avec la Monarchie, la souveraineté sociale est confisquée, la liberté de la presse muselée, le suffrage universel mutilé, et vous voyez un antagonisme incessant entre la royauté et deux Chambres factices, avortées. L'inquisition s'établit, l'armée, remplie de favoritisme, entre en lutte avec la société pour soutenir le trône. Les fonctions publiques sont accordées à la faveur. Les charges publiques frappent les masses. Les finances sont gaspillées sans contrôle. La libre discussion est considérée comme une sédition. Les réformes sont repoussées. La peur des complots trouble la paix publique. La nation s'affaisse. Est-ce que l'on doit confier le pouvoir législatif à un ignorant et l'épée de la France à un homme inférieur à un caporal?

Le régime monarchique implique la routine, des abus maintenus, des traitements scandaleux, des pensions injustement accordées, des droits confisqués, un clergé subalternisé, la société mise en suspicion, un mépris pour le peuple, une lutte organisée entre la noblesse, la bourgeoisie et la démocratie spoliée, le brigandage sortant des mains de trois dynasties rivales et incapables de gouverner.

Avec la République, la souveraineté sociale est respectée, le suffrage universel fonctionne. L'Assemblée désignée est souveraine. Le pouvoir exécutif est capable. Le progrès s'effectue. La discussion est libre. L'armée est organisée avec des éléments qui ne relèvent que du devoir et de la patrie. Les charges publiques sont réparties avec justice. La liberté de la presse devient un droit et un sacerdoce. L'enseignement est distribué aux masses. Les finances sont administrées sous le contrôle du pays. Chaque citoyen prend de la dignité et contribue à l'ordre. Les pouvoirs sont en permanence et se retrempent dans le suffrage universel. La confiance publique ne redoute pas l'écroulement d'un trône. Les classes sociales sentent leur solidarité.

Les quatre derniers règnes monarchiques, les robespierristes et les communistes ont fait un mal terrible à la France. Avec moins d'ignorance et une sage organisation de l'électorat politique et de la République modérée, les malheurs qui ont causé notre déchéance auraient sans doute été conjurés.

L'idée plébiscitaire est la plus grande folie qui puisse traverser le cerveau d'un homme. C'est un moyen mis en avant par ceux qui cherchent un trône pour les dynasties déchues.

Le pouvoir exécutif, d'après la nature des choses, étant subordonné au pouvoir législatif, il serait illogique de le faire nommer par le suffrage universel. Car, par le fait, il deviendrait des millions de fois plus fort que chaque député; il serait une menace pour la sécurité de l'Assemblée, pour sa souveraineté.

Mais si l'on applique franchement le principe de la distinction entre les deux pouvoirs, il est impossible de se tromper en réglant leur constitution.

La République sagement fondée est aussi solide que la société; c'est son expression.

Du réel et du postiche.

D'après la nature des choses, la République est le seul gouvernement normal qui doive et puisse exister et durer. Le reste est pure fantaisie du moment. En effet, la République se déduit de la société, et ses fonctions sont tracées. Rien n'est plus ridicule que ces fabricants de gouvernement à la semaine, que ces claqueurs et siffleurs d'événements, que ces boxeurs au sein des ténèbres, que tous ces pêcheurs en eau trouble, que ces marchands d'ordre, de liberté ou de bonheur populaire. Ce spectacle est immoral et dégradant pour un peuple; il est temps qu'il cesse. Il faut un livre pour les masses, des hommes d'Etat d'une nouvelle école pour le gouvernement de la France.

Les trois dynasties déchues ont livré la France à l'étranger.

Si la France veut rester elle-même, qu'elle expulse honteusement du pouvoir les dynasties et leurs fougueux partisans, par qui elle a été déshonorée, démembrée et trahie.

Pour se maintenir, Louis XVI a appelé les puissances extérieures au sein de la patrie. Napoléon Ier a voulu que la France se battît en duel contre toute l'Europe coalisée, et l'invasion a marché triomphante sur le corps sanglant de la France épuisée. Louis XVIII s'est fait hisser sur le trône par les puissances étrangères, dont il n'a été que le commis reconnaissant. Charles X, sans conception pour une politique extérieure, a rendu la conquête de la France facile en la replaçant sous le joug de la noblesse, du clergé et des généraux émigrés. Louis-Philippe, afin de se faire pardonner son usurpation, a humilié la France aux pieds de l'Angleterre, et s'est rendu rampant pour entrer dans le concert européen; il a eu le mérite de gâter la colonisation africaine. Pour le couronnement de l'édifice, Napoléon III a livré la France et ses armées aux Prussiens presque honteux de leurs succès. Et ces trois dynasties, au lieu de s'humilier devant la vérité et nos malheurs, osent venir révolutionner le pays, attaquer la République, lancer des circulaires colportées par des affidés et revendiquer le pouvoir dans les ténèbres!

N'est-ce pas la première République qui a sauvé l'indépendance de la patrie en lui donnant ses limites naturelles? La restauration d'une dynastie amènerait infailliblement la guerre civile et la destruction de la France. Où est donc leur capacité pour fonder les institutions modernes et répondre aux destinées sociales? Les Français, en trop grand nombre, se montrent impressionnables comme des enfants. Si l'idée existait, il y aurait plus d'aplomb. Un républicain commet quelques écarts de langage: « Hélas! dit-on, quand serons-nous donc délivrés de la République? » A-t-on lu un manifeste dynastique ou entendu crier une voix royaliste, de suite on voit des conspirations partout, dans les sacristies, les casernes, les châteaux, et la République paraît en danger. Le journalisme et la Bourse, qui vivent d'émotions canardières, en font leur riche pâture. Doit-on s'effrayer ou d'un homme ou d'un rêve?

La théorie de la déchéance est fausse et fatale au progrès.

C'est avant tout dans la sphère de l'esprit qu'il faut porter la réforme. N'est-il pas l'unique moteur du progrès?

La déchéance a entraîné, comme conséquence, le mal physique, intellectuel et moral, a-t-on dit.

D'où est venue la déchéance? D'un acte de l'esprit. Car l'esprit fort aurait gouverné les sens, l'esprit fort aurait dompté les mauvais sentiments.

En quoi a pu consister l'acte coupable? Il a été une violation de la loi, de la raison d'être des choses, de la vérité, de l'harmonie divine établie.

D'où vient la loi? De Dieu. Quel est son but? C'est une condition d'existence, de conservation, de développement pour l'être. Donc, en la violant, l'être se nuit à lui-même dans le temps et dans l'éternité, et il a besoin d'un restaurateur, parce qu'il n'a pas fait et ne peut refaire l'ordre qu'il a renversé. L'acte est coupable d'une manière ontologique, car la loi est l'expression de la volonté de Dieu, et d'après la volonté de Dieu, la création morale représente un ordre supérieur à l'individu. Dieu a voulu se refléter et se contempler dans son œuvre; il veut être glorifié par la créature.

Allons plus avant. La déchéance est un fait accompli, le fait remonte à l'esprit, et le mal et l'erreur en ont été la conséquence.

Sur ce terrain, il s'est formé une fausse association d'idées. Partant de là, l'esprit humain a synthétisé et il a tout englobé dans les conséquences d'un acte primitif.

Alors on a vu surgir quatre types, deux pour le mal et deux pour le bien.

La déchéance a été personnifiée dans la femme primitive et dans celle de tous les âges, et l'on a groupé autour de ce type les erreurs, les crimes, tout le mal en un mot, sans définir en quoi avait consisté la déchéance, sans faire assez attention à la nature humaine actuelle.

On a personnifié la déchéance dans l'homme primitif, dans l'homme de tous les âges, et l'on a également groupé autour de ce type les erreurs, les crimes, tout le mal, sans tenir suffisamment compte de la nature humaine actuelle.

En face de ces deux types déchus, on a posé le type idéal de la pureté absolue et de la rédemption, personnifié dans la Vierge.

Et, secondement, le type idéal de la perfection absolue, de la rédemption, le type du divin, de la vérité, de la justice, personnifié dans le Christ.

Christianiser l'humanité, c'est la ramener à la conception et à l'imitation de ces deux types.

D'après cette synthèse, il en est résulté que tout a été attribué à des types extérieurs et que l'esprit humain a négligé de se replier sur lui-même. C'est un tort. Qu'il fasse le retour conseillé par le Christ en ces termes : « Tout le mal vient de votre cœur, de vos facultés. » Et quelle que soit l'influence d'une primitive déchéance, qu'il se dise : « Le mal sort de moi et non du démon ou de l'histoire, il sort de mon cœur, de mes sens, de ma foi égarée, de mon esprit faillible, de la faiblesse de ma liberté, de ma raison même qui a eu besoin du verbe divin, de la raison incarnée pour se fortifier et retrouver son idéal; donc, c'est moi-même qu'il faut réformer; ce sont mes facultés qui ont rendu la rédemption nécessaire. » La rédemption, c'est la création refaite à neuf. Remarquez-le bien, la Vierge est un type retrouvé, mais offert par Dieu et ne provenant pas des facultés humaines. Le Christ est un type retrouvé, mais offert par Dieu et ne provenant pas non plus des facultés humaines.

Voilà pourquoi, en jugeant l'individu, la société et l'humanité d'après une fausse théorie de la déchéance, voilà pourquoi, en ne les expliquant pas selon une connaissance approfondie de leur nature, de leur raison d'être, de leur destinée, le vieux catholicisme a passé et passe pour être anti-philosophique et même anti-chrétien, anti-libéral et anti-progressiste.

Le Christ fait appel aux facultés personnelles, soit pour le bien, soit pour le mal, et sans ouvrir les tombeaux et faire sonner la trompette, il juge les morts et les anciens peuples d'après les idées qu'ils purent avoir, d'après les notions de la raison, les sentiments et la conscience naturels, et les peuples chrétiens, il les juge d'après lui-même considéré comme type, d'après Dieu fait homme.

Dans plusieurs cultes actuels, l'alimentation figure encore comme un reliquat des vieilles superstitions. Le jeûne indique la privation des plaisirs, le recueillement spirituel, l'élévation de l'âme vers l'idéal, l'éloignement des affaires du monde à la veille d'une haute mission. En effet, l'homme doit penser dans la solitude et rentrer dans la société pour l'action.

Dieu veut être adoré en esprit et en vérité, a dit le Christ, et pour ce culte, il demande une foi ardente, des prières, des élans du cœur, des actes de l'esprit, une espérance brillante d'illusions, une action féconde. Avec de telles qualités que le croyant parfume ses cheveux en signe de satisfaction intime. Les noirs pressentiments, les doutes conviennent aux faux cultes, aux sceptiques, aux délaissés de Dieu. Le

Christ a flétri les hypocrites, les faiseurs de grimaces en matière de religion. Nourri de sa rédemption, pourquoi se couvrir de cilices et de cendres? Pourquoi se livrer aux sombres désespoirs? Notre époque est rongée par le scepticisme religieux et politique. La crainte de la mort arrache des aveux imparfaits. La plupart de ceux qui parlent et agissent n'écoutent que la voix de l'intérêt, la piqûre de la passion ou l'impulsion de quelques idées sans fondement. Et la lumière n'est pas complétement faite aux yeux des masses qui, certes, auraient plus de foi si elles possédaient l'idée.

Du vrai concept républicain.

La République a été envisagée avec la même disposition d'esprit, avec la même erreur de raisonnement que nous venons de signaler. On ne conçoit pas que l'on discute une dynastie qui ne représente rien.

La République est un droit, une société, un ensemble d'institutions. Au lieu de la considérer en principe, dans sa forme, dans ses libertés fonctionnelles, comme un droit commun, une extension de la personnalité humaine, un instrument de progrès faisant tourner les institutions au profit de la masse, comme l'application du principe qui veut une séparation entre le pouvoir législatif et le pouvoir exécutif, on a dit : « Des hommes qui se proclamaient grands républicains ont commis des crimes, violé la propriété, attaqué la religion, opprimé la société, confisqué la liberté. Donc, la République ne vaut rien, elle est anti-sociale. » Et de quel droit prenez-vous un homme ou une poignée d'hommes, de quel droit les prenez-vous pour la République? Un soi-disant chrétien s'avilit, se rend coupable. Est-ce une raison pour en accuser le Christ? Est-ce un motif pour dire que le christianisme n'enfante que des criminels?

L'ordre judiciaire représentant la justice pour tous, l'armée composée du peuple, le clergé missionnaire de la vérité sociale et religieuse applicable à toutes les classes, le corps enseignant distributeur de la lumière, sont, par la nature des choses et de leurs fonctions, appelés à servir la République; en ne le faisant pas, ils violent leurs devoirs et trompent la société. Si des individualités aux idées fausses, ou livrées aux attaches des gouvernements déchus, manifestent des idées hostiles à leur sacerdoce, on doit les traiter exceptionnellement. Un corps organisé n'a pas le droit d'agir comme association politique. Quiconque a voulu l'anéantissement du droit de son semblable a mérité d'être anéanti lui-même dans ses moyens d'exécution.

Les mots ouvrier, prêtre, soldat, sacristain, commerçant, manufacturier, instituteur, magistrat, médecin, notaire, receveur, avocat, cultivateur, pharmacien, administrateur, etc., indiquent des fonctions sociales, ils ne rentrent pas dans la langue politique.

En théorie et en pratique, la science politique se compose de principes, d'idées qui se résolvent en institutions.

Les mots conservateur, révolutionnaire, progressiste, réactionnaire, centre, ultra, radical, dont l'application a tant varié, ont été employés aux époques de décadence pour couvrir la pauvreté de l'esprit et le dispenser d'exprimer des idées.

La féodalité a été un progrès sur le patriarcat; la monarchie, résumant le pouvoir central, a été un progrès sur la féodalité; la monarchie, avec une représentation imparfaite, a été un progrès sur la monarchie séparée des états-généraux non permanents; et la République, avec une représentation issue du suffrage universel, a été un progrès sur la monarchie en lutte avec une représentation viciée et avec le pays.

Nous touchons au *concept*. Qu'est-ce donc que la République?

La République conçue par la raison, c'est la société faisant ses lois, ses traités, et les appliquant par l'intermédiaire d'un pouvoir législatif et exécutif nommé par elle, émanant de ses facultés, de son autorité, de sa souveraineté. Que placerait-on au-dessus?

C'est la société rendant la justice par l'intermédiaire de l'ordre judiciaire et du jury;

Répandant l'instruction par l'intermédiaire du corps enseignant;

Armant des forces militaires tirées de ses rangs pour les temps de paix et de guerre;

Administrant les intérêts communaux et départementaux par l'intermédiaire des conseils municipaux et généraux; maniant les impôts par l'intermédiaire de l'administration financière.

En vertu de la raison, la société conçoit qu'elle s'appartient; que le pouvoir, soit législatif, soit exécutif, dont elle a besoin, relève d'elle; elle conçoit que les fonctions publiques doivent être organisées dans ses intérêts; elle conçoit que ces différentes choses ne sauraient appartenir à un individu ou à une famille par voie d'hérédité, individus, familles condamnés par la nature humaine et par le temps à offrir trop souvent l'incapacité, les vices, les fautes qui perdent les nations.

La société française n'est pas déchue; elle est supérieure à ce qu'elle était autrefois. Elle trouvera une grandeur nouvelle dans la République, l'enseignement, l'organisation de l'armée et des institutions de crédit.

L'histoire de la pomme et les pensées que l'on y rattache rapetissent Dieu, l'homme, la société, l'humanité, et faussent l'esprit humain. L'enseignement historique le fausse aussi en le gonflant de colère contre la monarchie et la féodalité, dont il n'indique pas les causes. L'instruction publique ne démontre pas les raisons d'être des classes sociales et des éléments de civilisation. L'enseignement politique n'est pas élevé à la hauteur d'une science ayant des principes et proposant des institutions pour la société telle qu'elle doit être conçue. L'esprit humain est faussé par les préjugés et l'ignorance qui règnent à l'égard des vérités économiques. La pensée religieuse manque d'élévation parce qu'elle cherche des raisons d'être qu'elle ne possède pas philosophiquement. Ce qui circule de bien provient de la raison développée et de ce que le christianisme a déposé dans la conscience sociale.

Du peuple français organisé militairement.

Une armure est nécessaire pour la conservation des organes de la société, et de plus il faut que les forces armées soient organisées afin que l'art militaire puisse s'en servir avec succès. Elle est immense cette question, car elle touche à la grandeur du pays et à de très-nombreux intérêts. Il est bien facile de proclamer le service personnel et obligatoire pour les hommes de vingt à quarante ans reconnus propres au service, mais la difficulté commence lorsqu'il s'agit d'organiser. Au temps où nous sommes, c'est une question de vie ou de mort. Il ne faut pas fabriquer une organisation militaire sans cesse modifiable. L'institution doit entrer dans les mœurs et posséder des conditions de stabilité, de progrès. La loi actuelle a mis plus de 2,400,000 hommes à la disposition de l'esprit organisateur.

Le mode préférable sera celui qui produira la plus grande force militaire, qui nécessitera le moins de dépenses, qui sera le plus conforme aux mœurs et aux situations civiles, qui offrira le plus de promptitude pour la mobilisation.

Notre système diffère de celui de l'administration ; il écarte toutes les combinaisons relatives aux réserves. Il nous a paru impossible d'organiser, d'armer, de faire mouvoir promptement trois armées et trois réserves. Dans notre plan, on voit : 1° deux armées complètes, équipées, encadrées, sans réserves ; 2° les éléments pour la prompte formation d'une troisième armée, et si l'organisation militaire est bien faite, au bout de six semaines, les chefs de corps des deux premières armées d'opérations seront capables d'entrer en ligne de bataille, et au bout de trois mois, la troisième armée sera prête à remplir ses fonctions.

Les forces militaires seraient donc divisées en trois groupes, en trois catégories, formant trois grandes armées dites : *active*, *auxiliaire*, *arrière-garde*.

Chaque armée possèdera ses cadres, son outillage spécial, sa physionomie particulière.

1° *De l'armée active.*

L'armée active, forte de 370,000 combattants, restera organisée comme elle l'est. L'effectif de l'artillerie comptera 40 régiments ; celui de la cavalerie, 35,000 chevaux. Pour retenir plus longtemps les sous-officiers sous les drapeaux, en cas de réengagement, leur solde serait augmentée ; ils recevraient annuellement un supplément montant à six ou huit millions. La présence sous les drapeaux serait de quatre ans.

Voici le chiffre de l'armée permanente proposé pour 1873 : infanterie, 282,044 hommes ; cavalerie, 60,044 ; artillerie, 51,308 ; génie, 9,000 ; équipages militaires, 8,000 ; effectifs en dehors des troupes, 14,604 ; gendarmerie, 29,170. Total : 454,170.

2° *De l'armée auxiliaire.*

L'armée auxiliaire, forte de plus de 600,000 hommes, serait divisée en quinze corps occupant quinze cercles tracés sur le sol de la République. Elle serait formée : 1° avec la partie du contingent non incorporé ; 2° avec les soldats ayant déjà fait quatre ans de service dans l'armée active. Elle serait organisée comme l'armée active, par compagnies, pelotons, bataillons, escadrons, brigades et divisions.

La durée du service serait de neuf ans. Elle contiendrait donc des hommes de vingt à trente ans. Elle possèderait ses officiers et sous-officiers, ses armes, ses parcs d'artillerie, son costume, ses voitures, ses services administratifs à part. Pour rendre sa fonction possible, 55,000 chevaux achetés par l'Etat, exercés, seraient placés chez les particuliers, de préférence chez les parents du soldat, sous leur responsabilité. La nourriture et l'entretien des animaux seraient à leur charge, mais ils auraient le droit de les utiliser dans leurs intérêts. Après un certain temps, ils en seraient déclarés propriétaires.

Quant à la solde des officiers et des sous-officiers, selon leurs fonctions, elle serait du quart, du tiers, de la moitié ou des trois quarts de la solde ordinaire, car ils auraient la faculté d'occuper des emplois civils.

Et voici le caractère distinctif de cette armée : elle serait divisée en quinze corps permanents ; les soldats auraient la faculté de se marier, de changer de domicile, de travailler comme ils l'entendraient, de voyager en pays étranger.

Quant à l'instruction de cette armée, nous avons proposé une série de moyens, d'exercices, de manœuvres.

3° *De l'arrière-garde.*

L'arrière-garde formera-t-elle une armée en temps de paix ? Non. En temps de guerre? Oui.

Nous sommes en présence d'hommes de trente à quarante ans, ayant tous passé sous les drapeaux. Ils représentent donc une immense force militaire. Comment l'utiliser ? Comment l'organiser ? L'homme de trente à quarante ans se trouverait gêné par des exercices et des disciplines militaires. L'institution qui voudrait s'en servir courrait grand risque de tomber en désuétude.

Nous considérons cette force militaire immense comme étant en puissance d'être, à l'état latent, et voici ce qu'il y a à faire pour opérer un jour son organisation.

Dans chaque canton, l'autorité militaire, par l'intermédiaire de la gendarmerie, fera dresser trois tableaux : 1° dans le premier, seront inscrits tous les hommes de trente à quarante ans ayant servi ; 2° dans le deuxième, seront inscrits tous les hommes de trente à cinquante-cinq ans ayant occupé des grades dans l'armée ; 3° dans le troisième, seront inscrits les voitures et les chevaux pouvant être réquisitionnés en cas de guerre.

Les éléments de cette armée seront donc enrôlés, recensés et non organisés. Le recrutement s'effectuera dans chacun des quinze cercles militaires. Et remarquez bien comment nous procédons à leur *organisation*. En cas de guerre, sans faire attention aux régions, au département et à l'âge, vous faites l'appel aux armes, et avec les hommes ayant servi dans l'infanterie, vous faites des régiments d'infanterie; avec ceux qui auront été cavaliers, vous formerez des régiments de cavalerie; avec les artilleurs, vous organisez les régiments d'artillerie.

Mais voici l'objection : où seront les armes, les canons, les affûts, les vêtements, les équipements? Dans les arsenaux. Et les chevaux? Toute grande guerre nécessitera une réquisition subite de 40,000 chevaux. Et les cadres? et c'est sur ce point que nous appelons l'attention des hommes pratiques. Nous obtenons les cadres par une promotion faite dans l'armée active et dans l'armée auxiliaire, ce qui permettra de verser des officiers et des sous-officiers dans l'armée formant l'arrière-garde; secondement, la loi obligera tous les hommes de trente à cinquante-cinq ans ayant occupé des grades dans l'armée à partir du grade de sous-lieutenant, à les reprendre avec ou sans avancement dans l'armée formant l'arrière-garde. Enfin, l'autorité militaire fera des promotions dans les rangs.

Mais, règle générale, dans les trois armées, tous les grades émaneront de l'autorité militaire, sauf les attributions réservées au chef du pouvoir exécutif.

A quelles fonctions cette troisième armée sera-t-elle destinée? A seconder les deux armées de combat, à tenir garnison en Afrique et dans les places fortes, à faire les services administratifs, à surveiller, accompagner les convois d'hommes, de vivres, de munitions, à travailler à la fabrication de l'outillage militaire, aux vêtements, chaussures, etc. Nous ne savons vraiment pas à laquelle de ces trois armées nous donnerions la préférence. Réunies dans un but commun, elles seraient promptement capables de faire de grandes choses.

Voici l'exposé préliminaire de notre système; celui qui a été voté nous paraît flasque, gênant, moins fort, plus coûteux, incompatible avec les règles d'une prompte mobilisation. La réserve est un élément trompeur qui fait illusion; elle n'est bonne qu'un jour de bataille, en la combinant avec les forces mises en mouvement.

L'unité est le but du progrès.

Marcher vers l'unité, c'est progresser. Il y a péril à s'en tenir à l'écorce des choses; il faut descendre dans les profondeurs de la politique.

En effaçant la féodalité pour constituer l'unité, la France est devenue forte de toutes les forces qui appartenaient aux féodaux.

Voyez l'Italie : en réalisant son unité politique et administrative, elle est devenue forte de toutes les forces dont les petits souverains disposaient.

L'Amérique du Nord a combattu pour empêcher au Sud de se séparer d'elle.

C'est cette politique que l'empire allemand vient de pratiquer.

Il a marché vers l'unité en chassant l'Autriche de la Confédération, en annexant le Hanovre, la Hesse, le Brunswick, en découronnant à moitié la Saxe, et, dans la crainte de perdre la rive gauche du Rhin, en annexant l'Alsace-Lorraine. En économie politique, il a progressé en marchant vers l'unité de monnaie, de poids et mesures, en créant un système douanier, le zollverein, capable d'enlacer des intérêts autrefois divisés; il a marché vers l'unité en concentrant le commandement de toutes les forces militaires entre les mains de l'empereur, en dispensant les petits Etats d'avoir des représentants diplomatiques, en modifiant les attributions des cercles au détriment de la puissance seigneuriale, au profit du pouvoir central. Et en Allemagne l'idée religieuse ne menace pas le pouvoir temporel. Cela se conçoit. Les différentes communions sont filles du libre examen; ainsi le tolérantisme en est la conséquence; aucune d'elles n'a une autorité pour s'imposer; elles peuvent dissoudre la vérité religieuse, l'Eglise, en ce qui les concerne, mais non pas l'Etat.

En France, on recherche toutes les divisions qui engendrent des malheurs et des faiblesses. L'unité politique n'est possible qu'avec la République, et il n'y a pas trente-six espèces de République, il n'en existe qu'une seule. Est-ce que l'unité politique serait possible, si les Français n'étaient pas égaux en droits? En France, l'objectif vrai manque à la pensée, et les discussions deviennent vides. Il faut que l'esprit public s'accoutume à voir comme objectifs la société et son gouvernement républicain, l'ordre judiciaire, l'armée, les institutions de crédit, le travail industriel, le corps enseignant, tout cela en dehors du foyer domestique. L'intelligence d'un élève de l'école primaire peut comprendre le fonctionnement de la société aussi facilement que celui d'un moulin, d'une horloge ou d'une pompe.

Ce sont les partis dynastiques qui ont causé tous nos malheurs et qui engendrent les divisions dont la France souffre Jamais la société n'a été de leur côté. Les principaux coupables sont ceux qui soutiennent des membres n'offrant ni sou, ni maille, ni denier, ni système applicable. Elevons donc notre pensée. Est-ce que la grandeur de la République représentant la société entière ne vaut pas mieux que le gouvernement cabalistique d'une coterie? Ne nous y trompons pas : nos maux proviennent plutôt du défaut d'organisme que de l'influence de quelques idées baroques sans consistance, faisant semblant de se grouper autour des drapeaux dynastiques et démagogiques.

Notre préface contient cinq concepts réduits à leur plus simple expression : 1° le concept social, ayant pour objet de faire connaître ce que c'est que la société; 2° le concept religieux; 3° le concept moral; 4° le concept politique de l'Etat; 5° le concept militaire.

Sans être homme politique, il est facile de comprendre que la France ne veut pas revenir aux aventures robespierristes, napoléoniennes, aux orgies sanglantes des communistes. Et son passé, sa situation lui interdisent d'accepter une insignifiante restauration théâtrale en faveur des dynasties déchues. Le peuple français serait moins que rien si on le supposait capable d'un tel abaissement.

Que reste-t-il donc à faire? La démocratie est debout, couronnée de ses droits. La République existe; que son existence soit consacrée par écrit. Les partis dynastiques s'agitent dans le vide. Que ferez-vous?

Vous êtes en présence de cinq questions fondamentales; sachez organiser l'enseignement, l'organisation militaire, la transformation du système financier des compagnies concessionnaires des voies ferrées, la combinaison des institutions de crédit et des compagnies d'assurances. Or, nous le disons avec conviction, aussi longtemps que ces problèmes ne seront pas résolus, vous resterez dans les inquiétudes, les oscillations, le malaise. Il n'existe ni homme ni forme pour lutter avec avantage contre des solutions fausses ou refusées.

Une transformation est nécessaire. Le vrai doit triompher. Le passé est mort, le progrès se fera. Si vous voulez vivre de la vie nouvelle, n'allez pas la chercher dans le sépulcre des empereurs et des rois. Jamais les henriquinquistes, les orléanistes ou les buonapartistes ne règneront en France. Le passé, le présent, l'avenir s'y opposent. Leur drapeau est celui de la guerre civile, de l'usurpation et de l'oppression du citoyen. Ils ont l'habitude de représenter le peuple comme une bête sauvage qu'il faut museler et tenir en cage, ou comme un mouton bon à tondre. Ces images injurieuses ne sont plus de saison. On ne demande pas à un homme son nom et le chiffre de sa fortune, mais bien son droit, sa valeur intellectuelle, morale, matérielle, familiale, et à défaut d'écus, il offre la propriété de ses bras, la plus sacrée et la plus féconde de toutes.

On ne conçoit pas que des dynasties, qui ne présentent ni une pensée civilisatrice, ni un système de réformes, aient le suprême orgueil de revendiquer, en face de l'histoire et d'un peuple debout, le gouvernement et l'épée de la France qu'elles ont accablée de hontes, de tyrannies, de ruines financières. C'est la destruction de la patrie qui est contenue dans leur rêve. Le dernier des empereurs vient de faire couler des flots de sang, de déshonorer l'armée, le peuple, les pouvoirs publics; d'infliger une perte de quatorze milliards à la France, et après lui avoir enlevé ses défenseurs, il part dédaigneusement, fier d'une oppression de vingt ans. Les escamoteurs de couronnes sont usés. L'indignation publique monte jusqu'aux cieux à l'aspect de ces lugubres et sanglants souvenirs.

Avec l'intelligence de ses intérêts, la France, forte de sa raison et de ses libertés, a confiance en son bon droit et en son propre gouvernement.

L'intelligence se trompe en ne voyant pas les rapports qui existent entre la démocratie, le christianisme et la République, c'est-à-dire entre le droit, l'idée et la forme destinés au progrès de la société.

Le rapport de M. Batbie, lu en séance publique, révèle la pensée monarchique. A sa surface, il est négatif; il ressemble beaucoup trop à celui d'un commissaire de police ou d'un procureur impérial. Si Montesquieu vivait, il aurait le don de lui plaire médiocrement, car il ne contient aucune considération sur l'état social et les institutions qui lui conviennent; et en assimilant la société républicaine à une faction démagogique, il porte un jugement outrageant contre son pays et contre le gouvernement actuel. Au fond, il déclare la République incapable de maintenir l'ordre et de faire de grandes choses; bien plus, il la considère comme un danger devant tôt ou tard ouvrir la porte à un élément impur qui réside dans les bas-fonds de la société et qui est de taille à tout détruire. Par conséquent, il faut un gouvernement de *combat*.

Cette hallucination provient de quatre sources : 1° de l'ignorance des éléments constitutifs de la société et des conditions générales de l'ordre ; 2° du souvenir des saturnales commises par des ineptes en politique ; 3° de la comparaison entre l'élément populaire et le luxe d'une cour du haut de laquelle l'autorité descend et s'impose à une société docile ; 4° de l'idée préconçue que le gouvernement doit appartenir aux classes riches.

Ce rapport est dérisoire en proposant comme remèdes la responsabilité ministérielle et la création de deux Chambres.

En principe, l'impunité n'est acquise à personne. Le pouvoir exécutif, les ministres, les députés peuvent être mis en accusation pour des motifs articulés. La société a le droit, le devoir de faire punir ceux qui ont violé ses intérêts, ses dépôts. Une bonne justice contient le moyen de maintenir l'ordre et d'éviter les révolutions ; et en cela le gouvernement de la République est supérieur à la monarchie qui rend le roi inviolable et impeccable.

La responsabilité appartient à l'Assemblée souveraine. La responsabilité ministérielle doit être individuelle. *Majorité ministérielle* sont deux mots qui hurlent de se trouver ensemble. Cela implique un gouvernement en dehors, placé dans une plus haute sphère, qui cherche une adhésion, un appui chez un corps délibérant auquel n'appartient pas toute la souveraineté.

En réalité, les ministres sont des moyens d'exécution, de préparation ; ils ne sont pas législateurs. Le pouvoir exécutif, par leur intermédiaire, propose, indique, sans engager sa responsabilité. Le pouvoir législatif dispose. Le pouvoir exécutif agit avec ses ministres, ses attributions, son initiative, sa durée, toutes choses à part.

Deux Chambres douées des mêmes attributions constitueraient une anomalie, une superfluité ; l'une ferait injure à l'autre, ce serait un conflit organisé. Toutes ces questions ne surgiraient pas si l'esprit était fixé sur les fondements de la politique et les constructions à élever. La forme du pouvoir ne peut pas être autre chose qu'une assemblée souveraine et un pouvoir exécutif investi d'attributions spéciales. Et pourquoi faire les réformes, les institutions, les lois dont la société a besoin ? La durée de l'Assemblée, les motifs de sa dissolution sont des choses à régler.

Il est évident que la société et les circonstances actuelles réclament un livre qui n'existe pas. Entre autres propositions d'idées, nous avons indiqué : 1° les fondements de la politique ; 2° l'unique forme normale du pouvoir ; 3° des solutions fixes, raisonnées, pour les grands problèmes à l'ordre du jour.

Des projets de lois qui passent des mains des ministres entre celles de la commission législative peuvent être modifiés ou repoussés par l'Assemblée souveraine. Malgré cela, chacun doit rester à son poste. Un remue-ménage des ministres ou du chef du pouvoir exécutif à tout propos engendrerait des crises fatales ; la politique ressemblerait à une partie de colin-maillard ; la fixité monarchique deviendrait le rêve de tout le monde. Si l'Assemblée souveraine absorbait l'exécutif et le ministériel, il y aurait confusion et despotisme. Si l'exécutif et le ministériel voulaient dominer l'Assemblée, il y aurait oppression. La France vient d'être victime de la servitude du Sénat et du Corps législatif sous le second empire. Le pouvoir législatif et exécutif est une réalité organique, effective ; la monarchie est une illusion. Les héros n'ont point de successeurs. La légende napoléonienne a coûté à la France vingt-deux milliards et la perte de deux provinces.

De l'hostilité entre les trois dynasties déchues et la société.

Depuis 1789, les trois dynasties déchues ont trahi les intérêts du monde économique et politique ; aussi ne sont-elles plus. La société a marché d'un côté, elles ont marché de l'autre : elles sont là-bas dans la solitude.

La situation est pleine de grandeur. Quel moment plus opportun pour faire de magnifiques choses, et peu de temps suffirait pour les réaliser. Avec un trait de plume on peut transformer le système des compagnies d'assurances et de chemins de fer. Il faut six mois pour organiser l'armée selon le nouveau modèle, six mois pour placer une institution de crédit dans chaque chef-lieu de canton, six mois pour réorganiser l'enseignement de la base au sommet.

Nos institutions ont besoin d'extension. Il s'est opéré en France de grandes transformations. La routine est fatale, et cette œuvre grandiose peut être accomplie sans trouble, sans froisser le moindre intérêt. Malheureusement, les partis s'épuisent en paroles inutiles, en folles espérances, en craintes chimériques, en agitations stériles, et le peuple regarde et attend.

Les erreurs du passé fileront ; le soleil de la République éclairera toutes choses de la véritable clarté. Il ne s'agit pas de chercher un trône, mais de consolider la République et de s'en servir comme instrument de progrès, de stabilité, de réalisation.

Avec l'argent des révolutions et des folles guerres récentes, que n'aurait-on pas fait ? On aurait pu voir la France transformée en jardin fertile, sillonnée de chemins de fer ; la marine marchande développée, l'outillage industriel multiplié ; tandis que notre bien-aimé pays, démembré, insulté, se voit courbé sous le fardeau des ruines amoncelées et en proie aux convoitises des partis déchus.

Il est temps et nécessaire que la France se transfigure avec la République, au lieu de marcher à la remorque des folles pensées et des perturbations sociales. Je suis citoyen français et libre penseur, je n'ambitionne ni pouvoir, ni fortune, ni décoration ; mon culte c'est celui de la vérité ; eh bien ! avec ma vieille expérience, je déclare (plût à Dieu que je me sois trompé !) que les partis dynastiques et la démagogie préparent pour la France le sort de la Pologne.

Le sentiment dynastique et les fausses idées politiques ont engendré ces généraux fauteurs de notre décadence, traîtres à l'armée et au pays. Les nations étrangères ne présentent pas à la vindicte publique ces hontes lugubres, ces périls extrêmes.

Une Assemblée nouvelle.

Quelle est belle la société rêvée par les brouillons politiques! Le plus grand mépris, la plus grossière injure que l'on puisse infliger à la France devenue libre, c'est de la déclarer incapable de constituer et de pratiquer la République avec grandeur et tranquillité. Les gens qui pensent ainsi considèrent toutes les classes sociales comme des saltimbanques toujours prêts à jouer de la flûte et à exécuter des danses joyeuses à chaque avènement dynastique; ils aiment les dynasties éphémères et factieuses, les grévistes châtiés, les révolutions politiques, le flux et reflux des cotes boursicotières, les faillites et les crises commerciales répétées, la parole et la pensée salies par l'espionnage, le cavalier farouche qui sabre et disperse la foule, le geôlier qui emprisonne les patriotes, le fossoyeur qui enterre les victimes des discordes civiles, le journal qui s'amuse, le vampire qui s'engraisse de la sueur sociale, le jongleur qui s'enrichit à la Bourse, le prospectus qui brille, la cour prodigue qui étincelle, la somnolence à l'ombre des baïonnettes. Ah! de grâce, ne les dérangez pas. Le bruit de la pensée pourrait troubler leur repos. Il leur faut à peine une discussion, surtout point de réformes, un peu de littérature délétère et quelques procès scandaleux, enfin un trône formé de quatre planches : voilà la clef de voûte de l'édifice. Par ma foi, ces eaux croupies, c'est là un beau rêve!

Ces balivernes ne méritent pas même un instant d'attention. La raison française s'occupe des affaires publiques et des travaux qui sont à la charge de chaque classe sociale. Sur le terrain de la liberté, elle veut être tranquille.

L'Assemblée actuelle a beaucoup fait; mais elle est liée par ses votes antérieurs, par la situation qui l'a vue naître, par des idées qui ne répondent plus aux intérêts du pays. Il lui est donc impossible non-seulement de faire la Constitution, mais encore d'organiser convenablement l'armée, les institutions de crédit, l'enseignement, l'ordre judiciaire, le canton administratif, et de transformer le système des compagnies de chemins de fer et d'assurances. Cette œuvre immense appartiendra à l'Assemblée qui lui succédera.

Il est incontestable que l'Assemblée actuelle a traversé des circonstances graves et douloureuses; il est incontestable qu'elle s'est montrée à la hauteur des événements en faisant abnégation de ses préférences pour la forme gouvernementale; il est incontestable qu'elle a ébauché avec talent des projets de réforme et qu'elle a réalisé des améliorations; il est incontestable que M. Thiers et l'Assemblée ont réorganisé les finances, l'administration, l'armée, le crédit public et maintenu l'ordre.

Mais il n'en est pas moins vrai que le mandat conféré par les circonstances du moment est expiré.

La preuve en est, c'est que la question se trouve maintenant posée entre les factions monarchiques et la République conservatrice. Il n'en est pas moins vrai que le pays ne veut se confier à aucun drapeau du passé et qu'il entend rester maître de sa souveraineté et de la gestion de ses affaires.

Il n'en est pas moins vrai que la force, le droit, l'intérêt, l'avenir sont du côté du pays.

Il n'en est pas moins vrai que le mandat des députés a été conféré légalement par le suffrage universel et par le gouvernement provisoire de la République proclamée le 4 septembre 1870, et qu'il est impossible de transformer le gouvernement actuel sans consulter la société souveraine.

Il n'est pas moins vrai que la République a été acclamée comme nécessaire, utile, légale, seule possible.

Les députés sont les délégués de la souveraineté; la durée de leur mandat n'ayant pas été limitée, le pays est seul juge de l'opportunité de la dissolution du Corps législatif; il peut la demander : de là le droit de pétitionnement.

En fait, il n'est pas moins vrai que l'Assemblée, à cause de la question dynastique, se voit divisée en deux parties égales, ce qui rend la pratique du gouvernement impossible.

Il n'est pas moins vrai que cet état de choses inquiète, irrite le pays et paralyse la marche des affaires.

Il n'est pas moins vrai que l'exercice du suffrage universel est entré dans nos mœurs, que lui seul contient la solution, qu'il s'effectuera sans trouble, que c'est le droit commun et la source d'un pouvoir légitime.

Il n'est pas moins vrai que tous ceux qui rêvent et préparent des coups d'Etat pour renverser la République sont des monarchistes et des provocateurs de la guerre civile.

Il n'est pas moins vrai que la République actuelle, établie sur des ruines, a fait et fera de grandes choses, et qu'elle seule inspire confiance à l'Europe et à la France.

Il n'est pas moins vrai que le budget de 1873 est voté et que les Prussiens sont payés par les souscripteurs de l'emprunt, auxquels il n'est pas permis de manquer à leurs engagements.

Il n'est pas moins vrai que le pays ne veut pas et ne peut pas recevoir de cette Assemblée soit la Constitution, soit les grandes réformes organiques.

Pour ces différents motifs, au nom du salut public, du droit, du patriotisme, de l'intérêt général, de l'opportunité, le Corps législatif doit prononcer sa dissolution, indiquer la date des élections générales et rendre compte au pays de l'œuvre accomplie et de celle à réaliser. Nous dirons, entre parenthèse, à nos lecteurs notre opinion sur le fonctionnement de deux Chambres.

Il serait impolitique, superflu, impraticable d'avoir deux Chambres possédant mêmes attributions et n'ayant pas même origine.

En 1870, nous avons écrit : Une Chambre unique et souveraine; divisez-la quant aux attributions : créez une délégation de 250 membres, mais même origine, même durée, même souveraineté. Un pouvoir exécutif avec des attributions spéciales, dignes, et une durée de quatre ans; exclusion des dynasties.

Il serait malséant, illogique de poser en principe qu'une Chambre sera plus conservatrice que l'autre.

Nous avons exposé ce que nous croyons vrai. Que les politiques, les économistes, les financiers, les militaires, les catholiques et les philosophes prouvent que nos idées sont fausses.

Joanny BONNETAIN.

Matour, 5 janvier 1873.

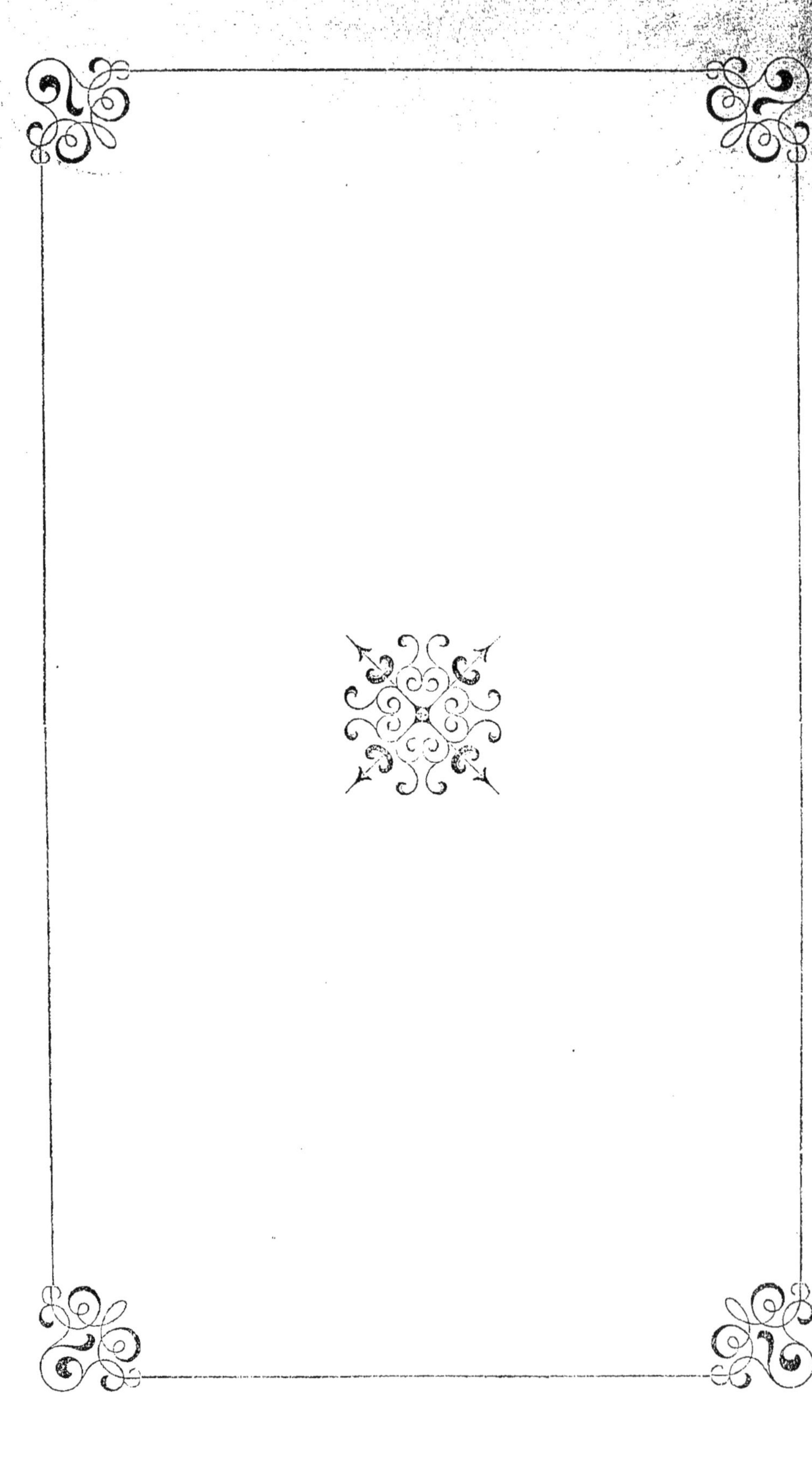

www.ingramcontent.com/pod-product-compliance
Ingram Content Group UK Ltd.
Pitfield, Milton Keynes, MK11 3LW, UK
UKHW012256240726
13966UKWH00004B/1443